杨赵进 徐育渊 著

私域流量

流量打造
+ 电商运营
+ 案例分析

化学工业出版社
·北京·

内 容 简 介

本书从私域流量的打造入手，全书共分为9章，第1章主要介绍私域流量的发展趋势、概念、优势和劣势；第2章介绍私域流量体系的打造，重点介绍了3个基础平台、4个步骤和6个思维；第3~8章分别介绍私域流量的载体，微信（公众号）、微信小程序、APP、短视频、社群及微商等，结合不同的平台载体，详细阐述私域流量池打造的方法和技巧；第9章分享了包括小米、拼多多、良品铺子等私域流量打造的经典案例解析。

本书旨在全方位帮助电商企业和个人创业者获取私域流量、维护用户关系、塑造品牌形象、实现成交和裂变，助力电商转型和崛起。

图书在版编目（CIP）数据

私域流量：流量打造＋电商运营＋案例分析/杨赵进，
徐育渊著. — 北京：化学工业出版社，2023.2
　　ISBN 978-7-122-42591-1

Ⅰ. ①私… Ⅱ. ①杨… ②徐… Ⅲ. ①网络营销
Ⅳ. ①F713.365.2

中国版本图书馆 CIP 数据核字（2022）第 230578 号

责任编辑：卢萌萌	文字编辑：陈　雨
责任校对：宋　玮	装帧设计：水长流文化

出版发行：化学工业出版社（北京市东城区青年湖南街 13 号　邮政编码 100011）
印　　刷：北京云浩印刷有限责任公司
装　　订：三河市振勇印装有限公司
710mm×1000mm　1/16　印张 12¼　字数 189 千字　2023 年 6 月北京第 1 版第 1 次印刷

购书咨询：010-64518888　　　　　　　　　售后服务：010-64518899
网　　址：http://www.cip.com.cn
凡购买本书，如有缺损质量问题，本社销售中心负责调换。

定　　价：59.00 元　　　　　　　　　　　版权所有　违者必究

电商企业大致有两种。第一种是第三方电商平台卖产品，或者做品牌信息背书，靠产品赚钱和盈利。第二种是将电商平台当做流量入口，通过高性价比的产品、极低的价格吸引客户成交和购买；然后把已经成交的客户，引流到私域流量中；最后通过私域运营形成重复购买。

由于受新冠肺炎疫情的影响，尤其是第二种电商企业面临很多问题，如利润太低，用户增长停滞，客户没法留存，不能形成二次购买等。同时，又面临公域流量成本高涨，红利殆尽的压力。很多商家开始寻求自救之路，把目光瞄准私域流量池，纷纷搭建、挖掘，并经营自己的私域流量。

打造私域流量池等同于打造自己的直营公司，这对电商企业是非常有好处的。首先不用反复购买流量，其次不用担心回头客问题，只要能够运营好社群和信任培育，其销售的产品就可以永久触达用户。随着私域流量池累积越来越多，利润也会越来越高。有流量并不意味着有转化，很多企业拉了不少用户，但自己的私域流量池却是一潭死水，这就是运营不当的结果。企业打造私域流量池最终目的是变现，不能带来增长的流量只能成为"流"量，正确操作是在打造私域流量池的基础上，开展精准营销，让流量变留量。

综上所述，如何玩转私域电商，已经成为摆在品牌商和渠道商面前的一道不得不攻克的难题。

全书分为9章，围绕私域流量的打造，第1章主要介绍私域流量的发展趋势、概念、优势和劣势；第2章介绍私域流量体系的打造，重点介绍3个基础平台、4个步骤和6个思维；第3～8章分别介绍私域流量的载体，微信（公众号）、微信小程序、APP、短视频、社群及微商等，结合不同的平台载体，详细阐述私域流量池打造的方法和技巧；第9章分享了包括小米、拼多多、良品铺子等私域流量打造的经典案例解析。本书旨在全方位帮助电商企业获取私域流量、维护用户关系、塑造品牌形象、实现成交和裂变，打造私域电商崛起之路。

现如今是一个存量竞争的时代，对于品牌商和小电商企业而言，私域是一个非常不错的发展方向。另外，对于一些线下零售企业，如瑞幸、麦当劳、肯德基等也都构建了以门店为核心的私域流量。本书兼全面性、实用性于一体，一方面是为了唤醒更多的电商企业转变思路，树立起重视私域流量的意识；另一方面，也可以让读者更多了解、学习私域流量的知识，学会构建私域流量体系的方法，降低获取流量的成本。

对于作者的观点及本书所有图文，读者在阅读过程中若发现不妥及疏漏之处，还望批评指正。

著者

2022年7月

目录

微信私域：
以内容实现引流

微信小程序私域：
完善内容生态

APP私域：
以技术搭建框架

第 6 章

短视频私域：
以社交黏合用户

第 9 章

私域流量：
打造案例解析

第 **1** 章

私域流量:
电商获取流量和变现的新引擎

电商企业对流量的争夺已白热化,公域流量逐渐被各大平台垄断。这就导致企业获取流量的难度和成本不断提升,与其购买高昂的公域流量,不如创建自己的私域流量。

1.1 流量变化趋势：公域→私域

对于电商企业而言，流量是最大的动力源，没有流量一切无从谈起。因此，长期以来，如何最大限度地获取流量成为了很多电商首先要解决的问题。传统电商获取流量的方式是通过公域，如京东、淘宝、拼多多、饿了么及内容付费行业的喜马拉雅、知乎、得到等。

入驻一个"公域流量"平台，当平台尚处于初建期时，是可以获得大量红利的。但当平台进入成熟期，再入驻就没什么优势了，还可能要花费高昂的费用。再加上疫情的影响，公域流量似乎失效了，很多电商企业用户陷入增长停止的窘境，用户增长效率大大降低。

用户增长效率降低直接导致经济效益降低，当然，这也并不意味着就无法获取流量。要想保持足够的流量，经营者必须转变以往的思维。从追求大平台自带流量向挖掘已有的存量价值转变，从寻求公域流量向打造私域流量转变。

以淘宝为例，图1-1中展示的是淘宝平台上的公域和私域流量。

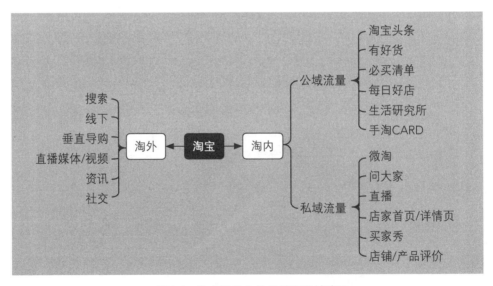

图1-1 淘宝平台上的公域和私域流量

对电商企业来讲，私域流量是公域流量的必要补充。电商企业既要做公域流量，也要做私域流量。做私域流量有诸多方面的好处，能把客户变成自己的推广员，实现裂变销售，同时降低成本，挖掘更多商业价值，提高利润。

① 有助于降低营销成本，相较于过去可以直接触达到用户。

② 有助于防止老客户流失，通过活动渗透，跟客户建立品牌情感关系。

③ 有助于塑造品牌，让客户可以近距离感受企业的服务，增强口碑对品牌的认知，形成叠加影响。

④ 有助于用户黏性的不断上升，粉丝不再只是认可产品，更认可公司和企业的价值观。

然而，从公域流量到私域流量，虽然很多人认为是件很复杂的事儿，但其实很简单。最关键是要有私域的思维意识。在同一平台上，其实既有公域流量，也有私域流量，只不过以往大家都把焦点放在公域上，而忽略了私域的存在。

这也是大多数企业做公域总是比私域好的原因，最根本还是"认为私域没用"。比如，微淘是自运营中操作最简单、最容易上手的渠道，然而，很多人都认为没有用。之所以会这样认为，可能是因为曾发表过一两篇引流文章，而这些文章没有流量转化。其实，这是因为你根本没有真正地去做，私域流量不像公域流量，搜索过来就能直接用，更不是随便上个新、上个图片那么简单，它需要精心策划，更好地抓住粉丝痛点、与粉丝互动、吸引官方的推荐。

可以预见，私域流量将成为未来电商企业发展的重点，尤其是在经济不景气的情况下，盘活存量可以让企业在激烈的竞争中生存下去。

1.2 私域流量发展的必然性

私域流量这把"火"从2019年一直持续到2022年，并在2022年成为主流运营模式。据一项数据调查显示，疫情期间线下渠道受阻，"宅经济"爆发，大量社交平台成为"时间金矿"，私域流量率先被关注。用户对私域流量接受度较高，40.8%的受访者持赞成态度，表示因能够享受优惠权愿意接受营销方的私域；

44.4%的受访者不赞成也不反对，仅有7.6%的受访者表示反感。

发展私域流量已经成为大势所趋，是互联网产业发展的必然，是符合年轻消费人群消费需求变化的。具体如图1-2所示。

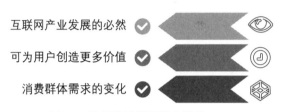

图1-2　私域流量发展的必然性

（1）互联网产业发展的必然

随着互联网、移动互联网的快速发展，众多互联网平台或APP上的流量红利期已消失，过去那种免费、补贴的时代已经结束，大部分开始进入变现期。过去，电商企业靠平台生存，这在电商企业数量较少时还可以得到一些免费或低价流量。而发展到后期，电商企业已经进入到了饱和期，换句话说就是，卖货的比买货的多了。在这样的背景下，电商企业要想获得生存空间就必然要进行付费。而现实是，付费获取流量成本高，效果也不见得好。鉴于这种情况，很多电商企业开始建立私域流量，未来，这将成为一种必然。

（2）可为用户创造更多价值

自2019年以来市场供给普遍过剩，多数产品和服务呈现同质化的竞争状态，用户可选择的替代性产品越来越多。营销服务不能再单纯停留在产品、服务信息推广层面，而是要以用户为核心挖掘需求，并更好地满足其需求，提供更有价值的内容。

私域流量之所以能为用户创造更多的价值，是因为有区别于公域流量的运营模型，如图1-3所示。私域流量运营模型是"口小肚大"，像个倒立的杯子，公域流量的运营模型呈倒三角形，口大肚小。

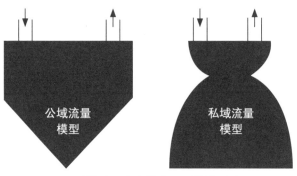

图1-3 公域流量和私域流量运营模型对比图

（3）消费群体需求的变化

新一代消费主力人群的消费需求呈现品质化、社交化、个性化，他们更加注重在消费全过程中的体验，精细化的私域运营有利于满足他们的消费新需求，商家也可以借助消费者热爱表达分享的特点实现营销效果最大化。

1.3 私域流量的概念、特性

自私域流量兴盛以来，很多电商企业开始重视私域流量的运营。但什么是私域流量呢？下面先来看一下与之相对的公域流量。

（1）公域流量

公域流量是指商家直接入驻平台，通过搜索优化、参加活动、花费推广费而获得的流量。这类平台很多，例如，拼多多、京东、淘宝、抖音、快手等，以及内容付费的喜马拉雅、知乎、得到等，因此，也叫平台流量。

目前公域流量主要有如图1-4所示的5大版块。

图1-4　公域流量5大主要版块

无论什么样的平台，只要是公域性质的流量都叫公域流量，它们有以下两个共同点。

①平台自带流量。

平台自带流量的优势是不用担心流量问题，劣势是大部分用户是冲着平台而去的，对产品忠诚度不高。公域内的单一个体（企业或个人）只能触达部分流量用户，而且随时会转向平台同类型竞品，难以沉淀忠实用户。

②向少数头部企业倾斜。

平台大部分流量都向少数头部企业倾斜，中小企业想从中分一杯羹非常不易。通常只能通过搜索优化、参加活动、花费推广费以及使用促销活动等方式来获得客户和成交，时间久了，耗费的成本越来越昂贵。

（2）私域流量

私域流量是指在特定渠道拥有的，不用付费的，可任意时间、任意频次、直接触达到用户的流量。私域流量最显著的特点是不用付费，流量永远是自己的，用户一旦进入平台，不存在转向竞品的问题，并且可以反复利用，直达用户。

关于公域流量和私域流量的特性，可以总结为如图1-5所示的4条。

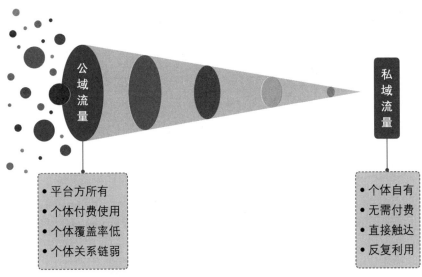

图1-5 公域流量和私域流量优劣势对比

    一个企业有了自己的私域流量，要做某些事，或者让产品达到某种曝光度，不需要付出太大的成本。而且在推出一个项目后，再做第二个项目的时候，还可以重复利用，达到自己想要的效果。

    需要提醒的是，私域流量是相对公域流量而言的，实际都是由公域流量转化而来，通过引流和裂变成为自己的流量，即私域流量。公域→私域流量转化路径如图1-6所示。

图1-6 公域→私域流量转化路径

    公域流量胜在量，私域流量则胜在质，私域流量虽小，但是经营得好，维护得好，更容易发挥作用。

第 **2** 章

流量体系：
搭建私域流量的
闭环体系

流量体系是流量的载体，体系搭建问题是做私域流量首先必须解决的问题，而且非常具有战略意义。将流量从公域引流到私域中，体系建设是最需要做的。

2.1 搭建私域流量体系的4个步骤

2.1.1 步骤一：创建流量载体

要做好私域流量体系的搭建，首先要确定能够承载的载体，也就是与粉丝建立联系的工具。有了工具，然后才能做后续的引流、运营和转化工作。比如个人微信、企业微信、腾讯企点、抖音、QQ等都是较为常用的工具。

（1）微信

如今的微信是一个庞大的流量池，包括个人微信和企业微信，月活跃用户已经达到12亿，而且由于微信社交性以及私密性的特点，成为不可忽视的私域流量载体。尤其是当用户加了企业的微信号、关注了企业微信公众号后，就相当于把买家放在了自己面前，有了流量，成交量自然会有。

（2）社群

社群是一个很好的营销环境，一个好的社群，里面的用户有相同的爱好，更有利于流量转化，比如餐饮商家，把用过餐的客户集中在一个社群里面，每天饭点前把优惠活动发到群里，那么总会有一些人来点餐的，人具有盲从性，只要有人点餐，势必会带动更多的人点餐。

（3）小程序

对于电商企业来说，使用小程序可以实现线上线下的融合，降低运营成本，提升工作效率，比如，社群或者个人微信号上，有人想要订餐，那么就可以引导粉丝进小程序下单，这样就可以把杂乱无序的订单变成有序的。

（4）QQ

由于微信、抖音等的出现，很多商家现在不用QQ了，这样是错误的。QQ庞大的用户基础还在，社交特性还在，尤其是在商务沟通上还是很方便的，比如QQ群，经营得好仍可以获得很多客流。

（5）APP

对于企业而言，要建立私域流量池，最好还是开发自己的APP。那些在微信、公众号、直播平台上积累了大量粉丝的都会去开发APP。微信、公众号是个私域流量池。但是拥有自己的APP，则是超私域流量池，把用户导入到APP中去，才真正地完成了自己用户的闭环管理。

做私域流量，最主要的一个步骤就是用好现有的公域流量工具和平台。因为，绝大部分私域流量还是紧紧依附于公域流量而存在的，有公域流量的地方必然会有大量私域流量，关键就是如何实现转化。转化的手段有很多，其中最重要的一个是内容，内容是最好的媒介，是连接公域流量和私域流量的关键。

具体如图2-1所示。

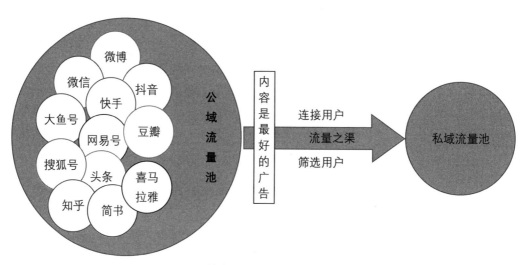

图2-1 公域流量池与私域流量池转化逻辑

2.1.2 步骤二：明确营销模式

营销模式属于战略层面，是企业的顶层设计，构建私域流量体系首先应该从战略层面入手，明确营销模式。

做任何形式的私域流量，最终目的都是为实现营销目标。确定营销模式可避免为了做而做，同时也让电商企业可以确认，所构建的私域流量体系在整个营销中处于哪一环，承担着什么样的责任。

营销模式的设计，需要从3个方面入手，如图2-2所示。

（1）聚焦明确的增长目标

营销模式的设计首先要明确增长目标是什么。营销目标通常有3种，一是用户数的增长，二是销售额的增长，三是品牌影响力的扩大。因此，设计营销模式需要确定自己的目标是什么。

（2）明确产品的使用场景

同样的产品会有不同的使用场景，同一个目标用户也可能在不同的场景下接触、使用产品。每个使用场景，其流量的流转和整个拉新、留存、转化以及复购、口碑推荐的过程都是不一样的。所以，需要把可能存在的场景进行全方位的梳理，并针对不同场景进行合理的设计，实现用户和流量的转化。

图2-2　从战略层面设计营销模式的3个方面

（3）结合便捷的营销渠道

不同的使用场景需要搭配合适的渠道相互配合、相互成就。如果说场景是营销的核心，那么渠道就是场景外推的基础，匹配度高、效果显著的渠道可以对产品触达效果产生1+1＞2的效果。

2.1.3　步骤三：确定运营路径

私域电商的本质是在自己领域积累充足的私域流量，并将私域流量转化为私域用户或私域电商，后期不需要再依赖电商平台便可以完成交易。

想玩转"私域电商"，先要搭建自己的私域流量体系。构建私域流量体系，仅仅确定一个主流量池或具体的流量载体是远远不够的。也就是说，对于流量体系不能从某个单一的点来看待，而应该着眼于流量运营的整个过程。这个过程中，拿得出手的产品和服务是基础，运营用户是灵魂。

因此，运营私域流量最主要的一个步骤是确定用户运营路径。私域流量用户运营路径如图2-3所示。

（1）拉新

拉新，也就是招募新用户，是用户运营的第一步，也是关键的一步，是后续留存与变现的前提。因此，做私域流量，如何拉到第一批种子用户是首先必须解决的。而且无论企业处于哪个阶段，拉新是永远不能停下的，也只有不断地获取新用户才能在

图2-3　私域流量用户运营路径

竞争中生存下来，没有足够的新用户支撑，再好的产品也无法体现其价值。

（2）留存

一般来讲，当用户积累到一定阶段，有很大一部分用户就会流失，这是不可避免的。在用户运营中，吸引新用户重要，留住用户更重要，因为只有留得住的用户才是有效用户。

因此，留存也成了用户运营第二阶段的主要任务。在激活私域存量上有三大步骤：设计有价值的内容，高效的信息传递，借助有效的工具提升效率，如图2-4所示。

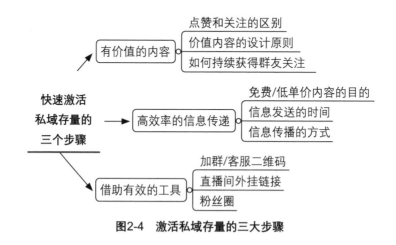

图2-4　激活私域存量的三大步骤

用户被拉进了私域流量池并不意味着工作就结束了，相反这是一个新的开始。之前工作的重心都放在了用户的拉新上，现在要转变观念以提升留存用户的

能力上。留存用户靠的是用心，要设身处地地站在用户的角度来思考。

（3）转化

转化，顾名思义是把用户数量转化为营销额，仅仅留住用户是没用的，如果不进行适当促活，参与性不高的话，早晚还要失去，产品就无法持续变现。因此，转化在用户运营中显得格外重要，是让流量创造高效益的重要条件。

（4）促销

用户数量向营销额的转化，最主要的途径就是促销。在构建私域流量池中促销的方式有很多，比如，爆款诱饵。

诱饵往往能起到抛砖引玉的作用，吸引用户关注。例如，我们去餐厅吃饭，有时候看到菜单上的招牌菜，既有特色又便宜；去超市或商场购物，也总能看到个别畅销品正在大打折扣。其实，这就是"爆款诱饵"，泛指那些能充分吸引用户的特殊品类，以最优惠的条件先抛出诱饵，来吸引用户进行更多的附加和连带消费。

再比如，内部邀请。构建私域流量池大多数都是在平台上进行，内部邀请是最常用的一种促销方式，通过设置内部奖励机制，鼓励老用户如转发、分享、引流推荐等，吸引新用户。内部邀请这种方法其实很好理解，在实体店中也常常可以看到。比如去吃火锅，店家鼓励分享，说是拍一张照片发到朋友圈，就能获赠一份甜点；或去吃肯德基，结账后店家给你两张优惠券，即使你没有时间再去也可以给朋友，这就是内部邀请。

用户关系的维护是企业提升业绩、建立品牌影响力的基础。在具体的流量载体和营销工具的选择上，要思考企业营销策略和运营策略能否与产品相融合，以这个点来作为选择的重要标准。

另外，在运营私域流量时，不能与社群运营相混淆，更不能以运营社群的思维去运营私域流量。社群运营整个的用户路径基本上都是在一个较为明确的载体中完成，比如微信群。而私域流量池因为涉及主流量池和辅流量池，承载流量的载体不同，所以在用户路径中的不同节点，需要依托的载体也不同。

2.1.4 步骤四：制订有效的落地方案

营销模式和用户路径明确之后，接下来就需要制订一套具体的、可执行的落地方案。这一步重点是将上面的模型，切割成不同模块，然后针对每一个模块进行具体的业务填充。

针对不同的目标用户、不同的使用场景，制订不同的落地方案；或者根据用户的整体运转路径，去规划、填充内容库、素材库等。不同的路径节点，可以策划不同的话题、活动运营等。

以微信为例，私域流量用户运营路径具体内容如图2-5所示。

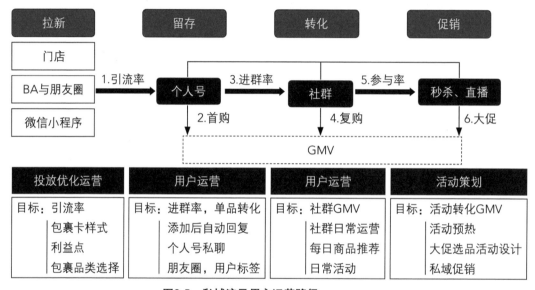

图2-5　私域流量用户运营路径

2.2　打造私域流量体系的3个基础平台

2.2.1　内容平台：内容是基础

电商企业要想建立自己的私域流量体系，需要建立3个平台，如图2-6所示。借助这3大平台，就可以建立起私域流量体系的基础，具备了拥有强聚合类私域流量的能力。

图2-6 打造私域流量体系的3个必备平台

做私域流量表面上是抓流量，本质上是在做内容，以内容来带动流量。只有高质量的内容代入，才有强大的流量流入。因此，构建私域流量体系先要建立内容平台，并做好内容运营。

互联网时代，内容平台有很多，比如，腾讯内容开放平台、今日头条、小红书、知乎、微博等，以及兼具内容与社交于一体的超级平台——微信。

做内容平台的目的是建立用户链接，借助各个内容平台打造自己的私域流量体系。不过，最关键的是运营，好的运营使内容更优质，更符合用户需求。在内容平台上，输出内容是最基础的引流、变现手段，而内容的输出又十分讲究策略。具体可按照3个方面去规划，如图2-7所示。

图2-7 以构建私域流量为目的的内容运营

企业要构建内容平台矩阵，也就是把各个具备链接价值，目前已经成为目标用户集中关注的内容平台运用起来。同时，建立内容平台矩阵，着眼于如何链接市场，链接目标消费者。只有这样的链接与产生的传播价值才有利于卖货。

2.2.2 APP平台：技术是支撑

私域流量体系的构建需要强有力的技术支持，而能提供技术支持的目前运用最多的还是各类APP。比如，在PC时代，大多数企业，特别是大企业、大品牌都会建一个门户网站，那么，在移动时代企业也要有自己的微型门户，那就是APP。

从流量角度来看，开发自己的APP，可以建立用户链接，建立自己的私域流量体系。

比如，拼多多APP，主要功能是用户经营，以用户经营为切入点，实现了五个在线：用户在线、商品在线、交易在线、营销在线、组织在线。

未来的电商企业，一定要有三大核心能力，如图2-8所示。一是全渠道抓取用户、经营用户的能力；二是全渠道抓取订单的能力；三是全渠道的商品快速交付能力。目前看，构建这三大核心能力，都需要建立起基于手机端的用户链接、订单体系、交付体系。

全渠道抓取用户、经营用户的能力

全渠道抓取订单的能力

全渠道的商品快速交付能力

图2-8　未来的电商企业拥有三大核心能力

然而，目前很多电商企业面临的问题是，连一个自己的APP也没有。原来的传播体系失灵了，新的传播体系就要及时建立起来。新传播体系之一就是私域流量池，基于APP的传播体系。

所以，那些想做私域流量的电商企业，技术平台务必要赶快建立起来，借助技术平台打造私域流量体系框架。建立自己的APP，关键是要搞清楚要做什么。APP的核心价值就是做用户链接，重点在打造自己的私域流量池一端和应对未来的全渠道交易体系的变化。

2.2.3　社交平台：社交是黏合剂

目前大多数互联网平台都有社交功能，比如，微信、抖音、快手、B站等；即使一些卖货平台，也有社交的影子，比如淘宝、拼多多等。

贝贝网是母婴电商领域的领跑者之一，拥有规模可观的目标用户群体，其快速崛起就与社交密切相关。贝店的第一批用户是家庭主妇、宝妈，属性十分垂直，她们是家庭的消费"主力"，且乐于分享。无论扮演店主还是哪种角色，都能让贝店的社交潜能得到释放。

另外，贝店的KOL（关键意见领袖）社群玩法也助其快速崛起。与微信公众号的理念颇为相似，"再小的个体也有自己的品牌"，通过KOL把分散的消费者聚集为社群。

在消费意识觉醒、消费升级的大背景下，大多数消费者，尤其是年轻一代，更注重消费体验，注重边消费边娱乐。因此，电商也顺应了这一趋势，与社交接轨，打造社交电商，这也是为什么社交电商越来越受欢迎的主要原因。

传统电商是经营产品，社交电商是经营用户，两者存在着多方面的区别，具体如图2-9所示。

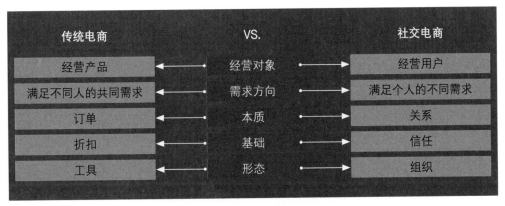

图2-9 传统电商与社交电商的区别

传统电商越来越难做已成行业共识，但互联网时代从不缺新风口，各种模式层出不穷。当下适合引流推广，并快速建立自己的私域流量体系，并塑造平台品牌价值的，无疑是社交电商。因此，打造私域流量体系必须选择一个社交平台配套使用，毕竟从用户的角度来说都喜欢社交模式，电商企业也要跟随有前景的模式。

综上所述，私域的核心就是连接产业、平台参与者和经营者，以内容带动产业，为各方创造价值，并建立持续、稳固的合作关系，实现从内容到商业的自然流转。同时，依据载体，通过社交分享购物体验，如拼多多、云集，包括早期的社交电商小红书，依靠用户口口相传形成了裂变式传播，以较低的成本带来新用户增长。

2.3 打造私域流量体系的6大思维

2.3.1 用户思维

打造私域流量体系第一个思维是用户思维。做流量目的就是获取用户，无论公域还是私域。做私域用户更稳固，更强调如何用一批用户找到更多新用户，即通过流量的存续运营，再获得更多流量。

如果把流量池比作一个"池塘"，那么公域流量池是"别人的鱼塘"，私域流量池则是"自己的鱼塘"，显然管理自己池塘里的鱼会更有主动权。

私域流量的用户思维就是，要把别人池塘的鱼变成自己池塘的鱼，实现从引流到成交的目的。完成这一过程通常有5个步骤："寻鱼"→"诱鱼"→"圈鱼"→"养鱼"→"生鱼"，这5个步骤都是紧紧围绕用户进行的，相对应的为"寻找用户"→"引导用户"→"集中用户"→"管理用户"→"衍生用户"。

具体的线路图如图2-10所示。

图2-10 从引流到成交的过程线路图

（1）寻找用户

找到高集中的潜在用户群体，这种行为可以对用户进行精准的画像，即都是志同道合的朋友，可成为自己的意向用户。

（2）引导用户

大批量找到潜在用户后，接下来是设计一套路径让他们了解产品。设计的方式有很多，比如抽奖活动、体验券等，总之要根据自身产品的特性、用户习惯、需求来设计。

（3）集中用户

在拥有IP之后，利用其他自媒体IP吸引流量，引流到微信中，为其持续提供更加深度的价值内容和服务，将鱼儿圈养在我们自己的流量池里，提高留存率和活跃度，通过社群运营、用户运营加强用户信任感。

（4）管理用户

在集中用户到自己的"私域流量体系"之后，利用各类运营手段和工具将流量转化为零售商自己的会员，不断地提高用户复购率。

（5）衍生用户

利用砍价、拼团、分销等裂变技能让用户为自己生成新的用户，通过自己的鱼塘去吸引别的鱼。

电商企业打造私域流量体系，与"公域流量池"相比，能有效减少流失率，而公域流量池由于缺乏专门的维护，流失率相对较高。

2.3.2 价值思维

价值思维是指向用户提供的内容要有价值，能满足用户的需求，并让用户不断复购。前面讲到私域流量绝大部分都是来自于公域流量，试想，如果所提供的内容毫无价值，那用户凭什么从公域跳到你的私域里来？

提供的内容没有价值，私域流量池将养不住鱼。那么，什么是有价值的信息呢？这里主要是针对广告而言的。

众所周知，实现私域流量价值的形式是广告，但在向用户展示时又面临着一个困境，即必须是广告，又不能是广告。必须是广告的原因是，没有广告就无法实现很好的变现，只有粉丝数量却无法变现，所谓的流量将没有任何意义；不能是广告的原因很简单，大家都能理解，假如把粉丝加到微信群里，却在不断刷屏发广告，很有可能会令粉丝反感。

当然，也不意味着不能发广告。毕竟广告对于信息传递的功能不可替代，只不过用户需要的不是"硬广告"，而是那种有温度、包裹在信息流中的"软广告"。几乎所有人都会在自己的微信朋友圈留下几个"卖货的"，当然，前提是商家的货和表达方式是自己所需要的。

例如，李佳琦的直播，他每天直播的就是各种推荐广告，但粉丝也不反感。原因何在？就是因为大部分人来看他的直播，就是为了看有什么值得买的。这时购物就成了刚需，这种情况下，如果再做些类似才艺表演的东西，反而会令粉丝不满意。

同样是发广告，有些让人喜欢，有些让人反感，主要原因就在于能否找准发广告与不发广告的临界点。这个点很重要，换句话说就是广告的价值意义所在，至于该如何把握这个"临界点"，主要还是取决于用户的需求是不是刚需，如图2-11所示。

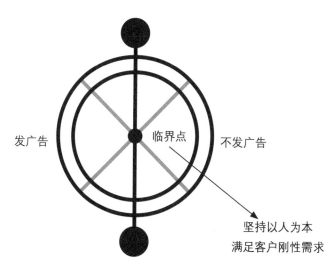

图2-11 广告价值思维的临界点

有些商家"以货为本"，就那么几个产品，反复刷屏，就算是好东西也会令人审美疲劳。而有些商家则始终坚持"以人为本"，十分清楚目标用户需求所在，并围绕这些需求，变着花样推荐适合的产品。

就好像最早做淘宝天猫店的，有工厂的以货为本，工厂生产什么，卖什么；

很多没有工厂的则反而做到了以人为本，用户需要什么就卖什么，显然，后者更能满足用户需求。

2.3.3 裂变思维

私域流量之所以备受电商企业的青睐，是因为具有裂变性。私域流量裂变既能拉近与用户的关系，实现以客带客，获取更多营销渠道，还能提升产品的复购率。

裂变已经成为很多电商企业引流、获客、卖货的主要手段，它作为高效增长的一种手段，会成为企业的标配。

那么，如何实现私域流量的裂变呢?接下来就介绍一下具体的裂变方法，具体如图2-12所示。

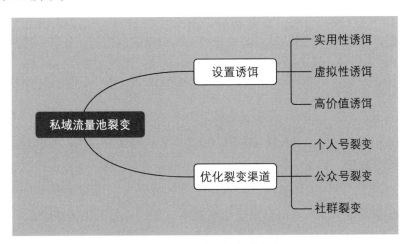

图2-12　私域流量裂变的方法

（1）设置诱饵

诱饵是裂变的前提，没有合适的诱饵就无法实现良好的裂变。裂变常用的诱饵有3种。

① 实用性诱饵。

诱饵要有实用性，因为较之稀奇古怪的福利，用户更喜欢实用性强的，比如书籍、风扇和手机壳等实用品。总之，诱饵不能过于随意，而是要在了解目标用户需求和深刻洞察人性的基础上进行。

②**虚拟性诱饵。**

现在越来越多的电商企业开始用虚拟诱饵，因为虚拟诱饵成本低、边际成本低和参与成本低，所以虚拟诱饵也是一种非常好的诱饵。需要注意的是，虚拟不代表不实用，必须坚持第一条实用性原则。

③**高价值诱饵。**

诱饵价值大，用户获取的成本也高，大多数人对于高价值诱饵还是没有抵抗力的。关键在于，在设置这类诱饵时让用户感知到它的价值所在。这是需要掌握技巧的，否则用户不太容易相信。需要注意的是，产品没有一个良好的品牌背书和信任背书，不建议经常使用这类诱饵。

（2）优化裂变渠道

裂变渠道即通过什么途径实现裂变的目的，比如，常用的微信、社群等。

①**个人号裂变。**

这是建立在设置合适的诱饵基础上的，用户完成诱饵的任务后，接下来一般需要扫二维码、添加微信好友等，这是实现企业个人号引流的必要步骤。

②**公众号裂变。**

用户扫描二维码，即可关注公众号，公众号弹出用户的识别海报，用户邀请好友助力(关注公众号)，5人或10人助力成功后，代表任务完成，即可获得奖励。

③**社群裂变。**

用户扫描二维码关注社群，社群内要有社群公告，告知用户领取奖励的方式，一般要求用户将某些信息发送至朋友圈，规定数量人助力成功后，任务完成，用户获取奖励。

裂变思维是从做流量到做留量的主要思维，需要注意的是避免恶意裂变，对于恶意裂变很多平台是明确制止的，这也导致用裂变思维在打造私域流量池时会被限制。例如，一个微信号最多加5000个好友，为此不少企业开始利用微信群打造多层金字塔结构式裂变，以形成庞大的社交网络。假如每个人发展5000个下线的话，那最终积累的私域流量则是非常惊人的。但是，微信不允许这样做，而且会严格控制这种"类传销"的多层分销现象。

关于裂变，微信已经明确了态度不会给出这种空间，2019年5月13日，微信安全中心发布了一篇文章《关于利诱分享朋友圈打卡的处理公告》，禁止通过利益诱惑，诱导用户分享、传播外链内容或者微信公众账号文章。

2.3.4 场景思维

场景思维正成为电商企业新的核心能力，产品缺乏场景感，就做不好新营销。随着"场景营销"被运用得越来越多，场景思维在产品开发、价格提升、深度分销及终端销量上都离不开场景的作用。

所谓场景，"场"是场合，"景"是情景，场景就是指在某个特定的场合，某种情景给人带来的感受。

所谓的场景思维就是在某个实际、具体情境中，去思考产品如何满足用户需求的思考方式，这也是营销技巧中一个特别重要的技能。

比如，喝酒的社交场合，情景就是在什么地方，请什么人吃饭，喝什么酒。江小白就是这样，营造了"小餐小聚小时刻"的场景：情侣、朋友、同学的聊天内容，就设计了表达瓶。江小白酒就成了替用户表达的道具，有场景感，有故事、个性和温度，较之其他纯粹卖酒的，给人的感受是不一样的。

再比如，在朝阳大悦城，无论是零售区域还是餐饮区域，里面都有很多绿色空间或者艺术空间、娱乐休闲空间。在这些空间里有不同的商品和活动，给消费者不一样的感觉，选择不同空间，就会有不同的感受。

大家都在谈消费升级，什么是消费升级？又是如何升级的？其实，所谓消费升级就是由原来只注重物质享受，讲究产品功能与效用，到现在注重物质与精神并重，讲究服务与美，讲究身份识别和感官刺激，产品不仅要实用，还要好玩、有趣。这也是符合马斯洛的需求理论的，从底层的生理需求到精神需求就是消费升级。

场景在线下引流的作用尚且如此重要，更何况是线上电商这个虚拟的商业形态，更为重要，做私域流量离不开场景思维。

某商家设计了一个H5广告："我老公去哪儿了"。营造的是夫妻微信聊天常用的场景:老公说有事不回来→妻子怀疑→熟人求证→大家猜想→最后证实（在商场为妻子选购某品牌商品）。场景类广告很多是内心戏。像微电影，更多还是依靠情景打动观众，以引发口碑传播。

建立场景思维更容易形成自我人格，私域流量的最高境界就是人格化，通过场景将自己塑造成一个有血肉、有生活的感情专家+好友形象。让用户有代入感，调动用户的情绪和兴趣，在情感上形成共鸣，在这个基础上，才能对产品形成感情，从而有效促成交易达成。

然而，"场景"这个词对运营者要求极高，它要求对人性的复杂性要有细致入微的体察能力，对人的感受波动，要有持续变化的觉察能力。

既然场景那么重要，那么，如何锻炼营造良好的场景思维呢？具体如图2-13所示。

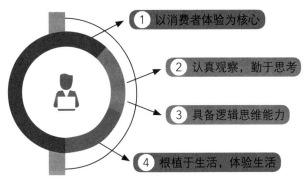

图2-13　锻炼良好场景思维能力的方式

（1）以消费者体验为核心

以用户体验为核心，走进消费者的生活和工作场景并模拟这些场景，包括购买场景、使用场景、工作场景与生活场景，去发现痛点，寻找机会点。然后设计产品、服务、专用的体验场景。

比如，重庆某商场楼梯被改成钢琴键，人走上去灯光和音符就会响起，吸引很多人去体验，旁边有电梯人都不愿乘坐，而愿意踩一下钢琴楼梯。场景不仅仅带来体验感，更是变成了客流连接器，客流与传播与日俱增。很多人就是为了体验才来的。

（2）认真观察，勤于思考

场景思维是可以在生活中慢慢培养的，前提是要养成认真观察的习惯，要能随时捕捉到细节，并善于思考和总结。

（3）具备逻辑思维能力

场景思维建立在一定的逻辑思维能力之上，需要在脑子里事先推理出，在哪个场景下会出现什么样的问题，并思考如何去解决这个问题。

（4）根植于生活，体验生活

培养场景思维最好的方法是深入到生活中去，感受生活，贴近用户，了解并挖掘用户的真实需求，然后不断地验证自己的产品是否能真正匹配用户需求。

2.3.5 数字化运营思维

无论是朋友圈还是微信群，本质上都是流量的载体，是一个个"鱼塘"，这些"鱼塘"能不能真正有商业价值，能不能真正地成为私域流量，是需要精心设计和用心运营的。

其中最主要的一个运营就是数字化运营，具有数字化思维，重视数据的价值，积极利用数字化技术和平台，用数据驱动进行精细化的运营，实现流量转化与变现，为企业带来新增长。

下面来看一个百雀羚的营销案例："8000万次曝光仅带来8000元的转化"。这是百雀羚很有代表性的一次线上营销活动，当时为宣传天猫双11活动，制作了一张广告长图。该广告的内容背景是：

1931年的旧上海，一位女地下党员走在大街上，街道上展示了民国百态故事及风土人情。最后，这位女地下党员完成了革命任务，杀死了代号叫"时间"的特务，抛出了"百雀羚始于1931陪你与时间作对"的主题。

初始的投放效果很好，之后传播裂变也非常好，百雀羚耗费一百多万元联合18个KOL（意见领袖）投放，达到8000万次曝光，这个裂变效果是非常好的。

遗憾的是，如此火爆的传播率带来的销售额却少得可怜。如果单纯从品牌曝光的角度来讲，这绝对是一个非常经典的营销案例。从内容生产的角度看，积极向上，形式新颖，极具趣味性。从渠道投放角度看，财力、人力花费也不少，合作18个KOL聚焦作用十分强，自带粉丝，覆盖人群从几十万到一二百万不等。事实上传播效果非常好，高达8000万次的曝光刷爆了朋友圈。

"内容生产""渠道投放""传播裂变"环节都做得非常好，几千万的曝光为什么最后只赚8000块钱呢？关键就在"转化留存"上面，虽然有8000万次曝光，但是如何对这些浏览用户进行后续的运营便成了难题。造成这个问题的原因是百雀羚没有基于数字化私域流量的思维去制作，也没有数字化平台来做一个承载的连接。

据悉，当时百雀羚的长图上没有二维码、地址之类的转化方式，自然在"转化留存"环节出现了大问题，没有"转化留存"自然也就谈不上"连环运营"。

一般来讲，一次完整的私域流量数字化运营过程包括5大环节，如图2-14所示。

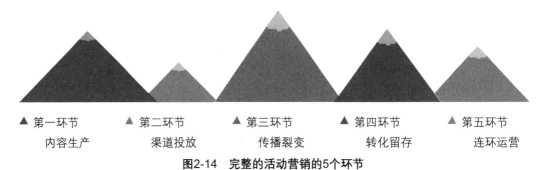

| ▲ 第一环节 | ▲ 第二环节 | ▲ 第三环节 | ▲ 第四环节 | ▲ 第五环节 |
| 内容生产 | 渠道投放 | 传播裂变 | 转化留存 | 连环运营 |

图2-14　完整的活动营销的5个环节

运营者必须有数字化思维，建立一个数字化平台来进行承载和链接。如果百雀羚在拥有8000万次曝光的基础上，把用户引流到私域流量将会获得非常大的收益。而百雀羚只是通过传统思维来做，没有用数字化思维。

做好私域流量数字化运营，需要做好两个方面的规划。

（1）做好S端的执行规划

S端的执行规划，就是销售线索数字化。销售线索数字化解决的需求是"市场与销售"信息透明度问题。

销售数字化的另外一个维度是"数字化员工"，例如，加微信、社群和例常问候是私域销售的基础工作，通过机器人和RPA技术介入是应有道理，但是目前企业微信监管不允许。

（2）做好C端的体验规划

C端的体验规划是体验感知数字化，数字化运营是基于用户体验"旅程地图"，历经从梳理用户体验到创造用户体验节点，从话术优化到IP人设打造，从信息分享推广到探索用户行为轨迹等三个方向。

2.3.6 精细化运营思维

精细化运营一直是私域流量体系打造非常重要的一个方面，公域流量的运营多是粗放的，而私域流量必须精细化。

比如APP的流量运营，这是完全把流量沉淀起来的私域形态，通过数据标签进行个性化推送和福利吸引从而达到留存和转化的目的。这里面就包括了精细化运营的过程，如何给用户贴标签，推送哪些内容，怎么引导领取福利，这些都是要逐步细化的。

比如腾讯系流量的运营，核心就是群聊，QQ群和微信群，从让用户进群，到引发群成员回复，再到群成员购买产品。整个路径要想达到符合预期的效果，精细化程度的重要性不言而喻。

仅仅把用户放在微信小号或者是微信群里，这不能称为企业的私域流量，只是企业与用户之间建立了一个初级的、能将信息送达到用户的联系而已。真正的私域流量是能够与用户建立连接，让用户认同企业的价值、让用户和用户之间互动起来，从而变成企业资源平台的一部分，这才是真正的私域流量。

私域流量精细化运营有两个方向：

（1）标签的变迁：从静态CRM系统标签变迁到动态标签（CRM-SCRM）

传统的CRM管理是相对封闭的管理，用户的标签是由静态标签构成的，与用户的交互也大多是单向传达，如企业单边输出的电话营销、APP弹窗信息或是现在已经日趋泛滥的营销短信。用户在此过程中唯一能够产生主动选择的机会就是关闭通知（退订）。

更迭过后的SCRM是基于社会化的性质对用户进行管理，开放关系管理，双向信息传输，甚至在互动中溢出价值。企业微信经营中的1v1互动提供了以上实时响应、生态共创的环境，同时也留存了大量的信息痕迹。

除此之外朋友圈、社群等一对多的营销窗口的充分应用，在定点投放之外找到了弱营销的又一个方式，保证信息触达的同时降低用户的被打扰感。经由一对一、一对多等多重互动形式所产生的数据也不再是静态数据统计，而是变成结构化的动态数据，通过对其进行智能分析可以反哺后续的营销策略，提升效率的同时也能够大幅提升用户体验。

（2）筛选的变迁：从批量触达到千人千面

基于动态标签，就有了千人千面的用户分类。千人千面作为一种算法和营销手段国内最早由淘宝提出，但千人千面的应用范围无疑不止于电商营销。

假如，将千人千面的手法运用到服务与销售环节，相较于以前大海捞针层层批量触达，始终坚持从客群流量上进行筛选，精准触达目标用户，减少对用户无意义的营销，做到分群分层有的放矢。

除因用户价值分层产生的不同营销策略分层外，最重要的手段是将人与智能服务机器人结合起来。将智能AI、深度学习等技术运用至各项业务中，但对于对公司价值最高的客群仍然要坚持运用优质的服务人才为高端用户提供VIP服务，在效率与专业间找到平衡点。

第 **3** 章

微信私域：
以内容实现引流

微信兼内容与社交于一体，是打造私域流量的重要阵地。微信公众号、微信群、微信小程序等商业价值也越发明显，都能很好地留住"私域流量"。

<table>
<tr><td>3.1</td><td>微信是私域流量的主要"阵地"</td></tr>
</table>

3.1.1 微信私域流量池建设的基本思路

微信是电商企业拓展私域流量的重要"阵地"之一。据2022年微信公开课PRO有关数据显示，微信月活跃用户数已有12.63亿人，微信小程序日活跃用户数突破4.5亿人，搜一搜月活跃用户数过7亿人。

微信自上线以来，不断完善、优化生态环境，为电商企业创造了较好的用户拓展和留存条件。比如，2022年微信公开课PRO以"入微"为主题，这也预示着微信生态迈进产品打磨入微、行业创新入微、服务场景入微的新阶段。

微信的私域流量池价值非常大，尤其是微信公众号，已经成为了网民更偏爱的功能，占比50%左右。除公众号外，微信小程序占比36.3%，也非常受青睐，数据来源于2020年微信公开课，具体如图3-1所示。

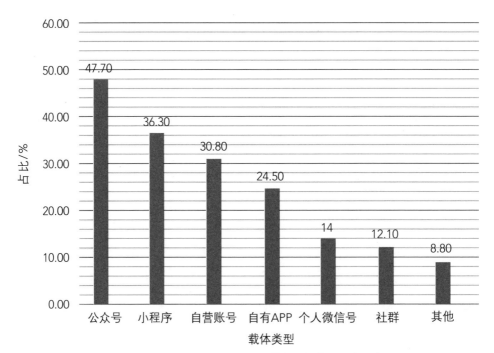

图3-1 网民对各主要自媒体功能喜欢程度示意图

所以，电商企业要重视对微信的运用，打造基于企业和产品的个人微信号、公众号、微信小程序、朋友圈等各个流量池。

打造微信私域流量池的常见做法是，与专业的内容付费技术服务商进行合作，基于微信生态圈搭建自己的在线平台，持续提供内容反复触达现有用户，提升复购率，并借助用户传播、裂变，吸引更多潜在用户。

微信生态私域运营如图3-2所示。

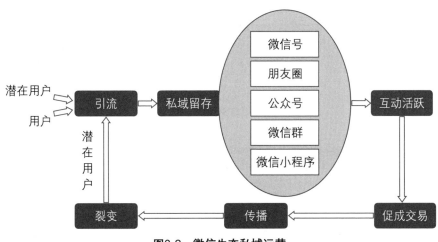

图3-2　微信生态私域运营

以在线教育培训业为例，为教培机构搭建微信公众号、微信小程序、社群、PC网校等平台。在公众号的基础上升级为更适合教学、更容易落地的功能，提供诸如视频、直播、训练营、社群、测评、拼团、推荐有礼、推广员等可在微信生态内授课、督学、裂变、转化的综合内容体系。在线教育私域流量运行逻辑如图3-3所示。

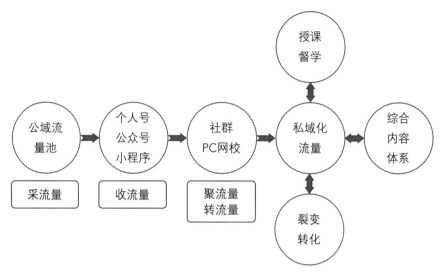

图3-3 某在线教育私域流量运行逻辑

3.1.2 打造微信私域流量池的5个步骤

电商企业在打造私域流量池时，首先要重点去做微信个人号，把微信个人号流量池做好了，就相当于掌握了一大半的私域流量。一个微信号=一个人=一个社群KOL=一家店，让自己的个人号实现引流、转化、复购、转介绍的商业闭环，是电商企业私域流量体系运行的基点。

微信个人号是商家建立私域流量池的重要来源，也是目前私域流量渠道中，触达用户最直接和高效的渠道，通过深度的个人号运营能够让商家快速提高私域流量转化，增加用户黏性。

以澳乐母婴为例，粉丝扫码添加客服个人IP号"澳乐乐姐"后，乐姐通过活跃的文字、图片和专业教程把"育儿顾问"的人设给立了起来，让用户感受到沟通的是一个鲜活的人，乐姐朋友圈还会经常推出限时活动，打造宠粉福利，营造畅销感。图3-4

图3-4 澳乐粉丝微信福利群截图

为澳乐粉丝微信福利群截图。

那么，具体应该如何做呢？图3-5中是打造微信个人号私域流量池的5个步骤。

（1）养号

养号是打造微信私域流量池首要的工作。养号就像打造一个容器，容器有了才能用容器去承载更多水，养号就是为了承载更多的用户，做导流、运营和转化。

做微信私域流量池，一定要有养号意识，随着微信对闲置分享的规定越来越严格，账号的安全性、有效性如果无法确保就会遭到封禁，一旦封禁则前功尽弃。

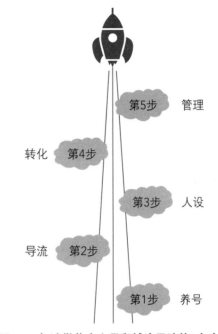

图3-5 打造微信个人号私域流量池的5个步骤

比较常用的养号方法有两类：

① **自己养。**

注册公司专用微信号，用自己的手机，或者为员工配备一部专供工作而用的手机来养。这是最合理合规的养号方法，也就是每个员工多了一个工作手机工作号。

目前很多规模不大的公司，靠自己的员工养号足以搭建私域流量池。比如一个号加3000位用户，有10位员工，那么一共就可以加30000位用户，足以应付日常商业往来。

② **市场上买老号。**

买他人的老号唯一好处是不用养号，还能直接沿用对方的已有粉丝资源。其实，就整体而言，这种行为是弊大于利，一方面，买来的号仍保留着旧的历史记录，如果马上转换内容类型，会影响到新运营的账号权重。另一方面，买号还是一个有风险的行为，更换登录地址本身就是一个敏感行为，再加上如果操作不当将会导致封号。所以，买老号要谨慎。

（2）**导流**

导流就是将流量导入自己的用户池，引导用户加微信，或者主动请求加用户微信。将流量导入用户池是一门学问，需要掌握一定的方法、技巧。

（3）**人设**

人设即打造IP，使账号有个真人设定，同时也让用户对账号有个统一的认知。微信具有社交属性，用户希望商家展现在自己面前的也是一个真人，有血有肉可以随时交流的真人，而不仅是一个冷冰冰的品牌。

这里的"真人"角色有以下3类。

① **部门负责人、店长。**

关于电商卖家，部门负责人、店长是最容易给用户良好印象的角色，一个饱满的部门负责人、店长形象，让用户感觉自己垂青的不是某个生疏的店名、产品，而是一个可信赖的人。

② **KOL。**

KOL一般是指拥有更多、更准确的产品信息，更多的知识和更丰富的经验，且为相关群体所接受或信任，并对该群体的购买行为有较大影响力的人。这部分人，往往是新产品的早期使用者，打造这样的人设更容易影响用户行为。

③ **网红。**

现在是颜值经济时代，很多企业都在培养自己的网红，或者与网红进行深度合作。这就是网红的带动作用，尤其是美妆护肤、服装类网红，这样的人设非常有效。

因此，还是建议最好用真人来立IP人设，当然，如果能给用户以更好的体验，也可以用品牌LOGO。总之，要依据范畴特点去打造不同的IP人设，与用户建立联系，取得用户信赖，让用户觉得多了一个有价值的账号。

（4）**转化**

搭建私域流量池作为商业行为，最终目的是要转化变现。私域流量实现转化，不同的人有不同玩法。比如，电商商家在朋友圈发布新品，用户好评晒单，给用户多多种草。在特定时间做活动促单，转化率会比其他电商平台高出2倍，甚至更高。比如社群玩家，建立庞大的社群后，用社群广告或者用其他品类来转化变现。

（5）管理

管理即管理用户，就是将用户当做真实存在的、看得见的人去运营。这就是所谓的以人为本，针对的是用户信息和用户行为，而不是流量。

管理私域流量池其实是一个管理用户的过程。即如何利用好自己的用户资源，如何将用户价值最大化。这就要求一切工作必须以用户为中心，随时随地让用户感受到诚意，从而对你产生信任。

3.2 打造公众号私域，内容是关键

3.2.1 微信公众号内容类型

微信公众号作为阅读资讯的主要入口，很多人都已经离不开了。但微信公众号的创作对内容的质量有较高的要求，因为只有持续地、高质量地输出，才能吸引新用户的关注，强化老用户的黏性。同时，如果一直提供优质的内容，还可以获得官方相应的支持，例如原创标识、赞赏标识支持等。

那么，如何做微信公众号内容呢？公众号的内容是通过创造、编辑、组织、呈现网络内容来链接产品和用户，提升产品价值，增加用户黏性，驱动商业行为。

微信公众号素材有4大类，文字、图片、音频、视频类，这4类素材构成了微信公众号内容的最基本形式，如图3-6～图3-9所示。

图3-6 微信公众号上文字类内容

图3-7 微信公众号上图片类内容

然而，在实际操作中公众号上的内容往往很少以某一种形式单独出现，纯文字或者纯图片效果都不是太好。最好的做法是多种形式综合运用，要么，图片+文字，要么，文字+视频，或者其他形式的组合。

（1）文字+图片

文字信息应与图片信息配合使用，以达到图文并茂、事半功倍的效果。这种形式又分为以图片为主和以文字为主两种形式。

（2）文字（图片）+视频（音频）

图3-8 微信公众号上音频类内容　图3-9 微信公众号上视频类内容

在文字或图片中插入视频，这也是内容呈现的一个主要形式。曾有一个宣传旗袍的公众号，其上的一篇文章运用的就是这种"视频+文字"的形式，开头插入了长达5分钟之久的短视频，后文是大篇幅的图+文，这样的综合表现形式获得了大量粉丝的青睐，仅凭这条视频，即使不看后面的图文也可以对公众号内容有个基本的了解。

文字（图片）+视频（音频）的组合是内容编写时经常采取的一种方式，能够使内容动态地呈现出来，给用户留下深刻的印象。

视频的来源主要有三种方式，现场拍摄、转载和插入，如果是事先拍摄好的视频，可以利用微信公众平台插入到公众号中。如果你经常操作微信公众号，就会发现在微信公众平台后台的"群发信息"中有个插入视频的功能，借助该功能就可以将拍摄好的视频插入到文中。

3.2.2 微信公众号内容规划

在明确内容运营到底应该做什么后，接下来就是如何去做，即按照什么样的步骤有计划、有秩序地去完成目标任务。微信公众号内容运营的步骤大致可分为

4个，每个步骤下又有若干个细分，具体如图3-10所示。

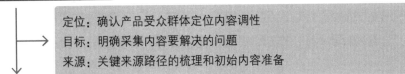

步骤一：内容采集

定位：确认产品受众群体定位内容调性
目标：明确采集内容要解决的问题
来源：关键来源路径的梳理和初始内容准备

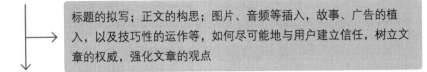

步骤二：创作编写

标题的拟写；正文的构思；图片、音频等插入，故事、广告的植入，以及技巧性的运作等，如何尽可能地与用户建立信任，树立文章的权威，强化文章的观点

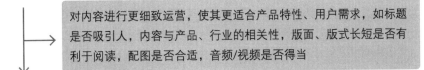

步骤三：编辑编排

对内容进行更细致运营，使其更适合产品特性、用户需求，如标题是否吸引人，内容与产品、行业的相关性，版面、版式长短是否有利于阅读，配图是否合适，音频/视频是否得当

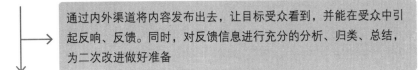

步骤四：扩散传播

通过内外渠道将内容发布出去，让目标受众看到，并能在受众中引起反响、反馈。同时，对反馈信息进行充分的分析、归类、总结，为二次改进做好准备

图3-10　微信公众号内容运营的步骤

做内容运营除了写好内容之外，还有重要的一点就是学会做数据分析！一名优秀的内容运营人员必须要有丰富的内容知识，善于进行各类数据统计，不断学习新知识与实践。那么，数据分析前提工作需要做哪些呢？主要有两个方面。

（1）建立知识库累积素材

做内容运营，必须要每天不断吸收最新的知识，信息累积一定要够，这样写起文章才能信手拈来、有理有据。现在新媒体、自媒体很发达，获取信息的方式非常多，通过这些媒体可以获取大量的素材。

首先就是相关的公众号，建议每天至少关注30个和你输出内容相关的微信公众号，看下同行或者目标群体都在看些什么内容。

其次还可以多浏览各种网站、社区（豆瓣、天涯等）、微博等，每天也会产生大量的高质量内容，都是获取信息的渠道。

在获取大量的素材后，还需对其进行简单分析，这时可以建立一个素材分析表格，将内容根据来源、类别、特色、内容方向、专业性等进行分类，以便于查找。素材分析表模版见表3-1。

表3-1 素材分析表

素材	来源	类别	特色	内容方向	专业性
素材一					
素材二					
素材三					
素材四					
素材五					

（2）统计数据

统计各项数据，并做适度的分析，即明确所输出的内容是否能为平台带来目标用户。如何判断这些内容是否对用户有吸引力？这些数据都需要内容运营在日常工作中做统计收集，具体可以分为两个步骤：

① 了解用户需要什么样的内容。

为了充分了解和挖掘用户需求，在做这方面的运营之前，需要明确3个问题，如图3-11所示。

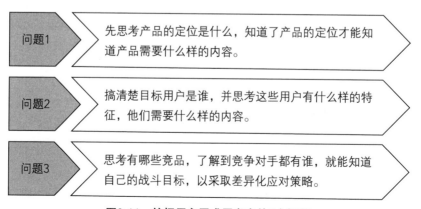

图3-11 挖掘用户需求需考虑的3个问题

这3个问题有助于自己了解自己的产品，了解用户需求，让产品和需求更吻合，这是内容运营初期必须完成的工作，前期定位越清晰越精准，后期越容易获得精准用户。

② 分析数据。

分析数据，找出其中可能存在的问题，并进行相应的调整。一篇文章发布出去后需要及时对发布效果进行反馈，根据不同的发布平台有不同的统计方式。

以网站为例，数据来源通常是PV（页面浏览量）、UV（独立访客）、跳出率、停留时间等。通过数据统计工具，可以看到各主要页面的跳出率，以确认内容质量是否有问题。如果UV不变或提高，但PV降低，查看一下各主要页面的退出率及跳出率，以确认内容质量是否有问题；如果UV降低，PV增加，有可能是内容吸引力增加，但面对的用户群变窄。

通过一系列的数据统计，定时对推送的内容进行调整，也是内容运营的日常工作。

综上所述就是内容运营所需要完成的工作事项，希望能够对大家有所帮助，从零开始成为一名优秀的私域内容运营人员。

3.3 公众号内容创作要点与技巧

3.3.1 紧抓用户痛点需求

痛点即是痛苦的点，痛点需求就是用户在阅读过程中，急需满足又无法得到满足的需求，并为此时常感到痛苦。

在撰写公众号内容时，必须抓住用户的痛点需求，因为只有痛点需求才是唯一的。不要预设每个人会对产品全方位感兴趣，只需向其展示一个点即可，而且这个点必须能解决他们目前遇到的困惑与问题。

比如，撰写一个卖平底锅的文案，很多创作人员的焦点可能是写材质，如大理石的、陶瓷的。其实，这并没有抓住用户的痛点需求，因为无论什么材质对用户的触动都不大，或者根本没有任何触动。要知道大多数用户的痛点在于这个锅"是不是好用"，比如，每次煎鱼都粘锅底，如果你的产品能解决这个问题，自然会吸引大多数人。

因此，开头不如这样写："'每次煎鱼都失败吗？'或更进一步问'煎鱼失败觉得很丢脸吗？'大理石平底锅，不黏底不粘锅，让每道菜都完美上桌。"

同理，写电暖气类的公众号内容，不是去强调它是怎样发热的，发热方式没有意义，发热温度与速度才有意义，因此就有了："寒流再强也不怕，三分钟让卧室像温室"。

卖食品的公众号内容，不要去强调做法如何，品质多好，用料多实在，而要说食物是否健康，在什么时候吃最适合。

只要抓住用户痛点需求，那么就成功了。在如何抓痛点需求上，有一个非常实用的方法。其实就是两个问题，只要能回答出这两个问题，基本上就可以轻松抓住用户需求，如图3-12所示。

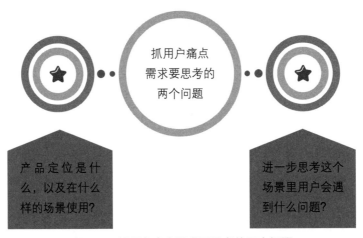

图3-12　抓用户痛点需求要思考的两个问题

在具体实战中可以按照下面的步骤去做，图3-13～图3-15中分别以实例进行了分析。

（1）问用户最在意的问题

运动方法或保健品：试过很多方法还是瘦不下来吗？

居家：找不到让你安心的家具吗？

清扫用具或清洁服务：过年大扫除觉得很麻烦吗？

沟通课程：遇到爱问隐私的人，知道该怎么回话吗？

图3-13　抓用户痛点需求发问法实例分析步骤1

（2）描述该场景里产品使用

专为设计人所开的文案课程：

每次一打开Word，总是不知道该如何下笔，面对空白的档案，自己脑袋也是一片空白，老板总是早上给企划，下午就要交文案，连产品介绍都没给，看同业的都写得很好，自己却写不出来，心里不断想：我明明是应征设计，为什么要一直写文案？

图3-14　抓用户痛点需求发问法实例分析步骤2

（3）直接说明对用户的帮助

甜食类文案：

爱吃甜食的你，还在为热量而烦恼吗？专为爱吃甜食的上班族所设计的低卡零食包，由拥有十年经验的专业营养师设计，有巧克力的甜味却只有优格的热量，每包都含有一天所需的膳食纤维，不仅满足口腹，更照顾健康。

图3-15　抓用户痛点需求发问法实例分析步骤3

撰写公众号内容必须贴合实际需求，不能天马行空地想象。要求在公众号内容撰写时，要站在用户的角度，以用户的痛点需求为出发点，满足他们的需求。

3.3.2 账号要高度垂直

随着公众号进入红利成熟期，用户对运营者的要求也越来越高，以往那种大而全的账号再也没有吸引力，取而代之的是内容高度垂直的小而美的账号。

所谓内容高度垂直，就是指内容着眼点特别小，瞄准某个地区、某个领域或某个特定人群进行深度挖掘，提供精准的信息和服务。

据统计，内容垂直的账号粉丝活跃度远大于综合性账号。正是因为内容垂直性比较高，内容才能体现出专业化、个性化、差异化。当用户能从你的账号中获得独一无二的、有价值的信息时，对账号的黏性自然而然就会增强。

例如，阅读类公众号"悦读有道"，就是旨在为用户精选好文、推荐好文，真正做到了内容垂直化、特性化，以高质量的内容占据了该领域的主流市场，获得了一大批爱读书的忠诚粉丝。

那么，如何打造一个内容垂直的微信公众号呢？具体方法如图3-16所示。

图3-16 垂直微信公众号打造方法

（1）强规划

做公众号一定要有计划，先有年计划，再到月计划，最后到日计划，就像上班一样，每天的工作任务是什么，任务量是多少，完成的结果标准是什么，都需要有清晰规划，这样操作起来，第一自己不慌，第二还很有条理性，不会因为突然情况的发生而打乱自己的工作安排。

（2）做定位

在做之前一定要想好这个账号是干什么的，为做什么而存在，目标群体是哪些人，可以给他们提供什么帮助，你的角色是什么，专注于的是哪个领域。这些内容全部要思考好，之后再开始注册，注册好之后最好就不要再更改，从一而终。

（3）优输出

所提供内容一定是优质、干货的内容，如果不知道该怎么做，可以参考同领域的大号是怎么做的；如果大咖的内容看完，也找不到规律，就找这个领域的书籍多看，边看边学，边学边做，这样成长最快，同时也是高效输出的保证。

（4）管粉丝

打造内容垂直的微信公众号，还需要做好粉丝管理，不同的阶段采取不同的管理措施，培养出一批铁杆粉丝，表3-2所列是垂直性账号粉丝积累的4个阶段。

表3-2　垂直性账号粉丝积累的4个阶段

阶段	粉丝量／人
积累阶段	1000
扩展阶段	1000～5000
强化关系阶段	5000～100000
维护运用阶段	100000+

（1）积累阶段

前1000个粉丝是粉丝的基础，往往是建号初期积累的，也叫种子粉丝，对企业、产品足够忠诚。这部分人应该是行业专业人士、内部人士，以及对企业、产品高度认可的老客户。然而，很多急功近利的人忽略了这点，前几百个粉丝都是通过互粉换来的，结果大部分都是僵尸粉，对新账号的巩固毫无意义。

在积累最初的1000个"种子粉丝"时，必须注重质量，可点对点地添加，只有真正对企业或产品认可的人才能通过。

（2）扩展阶段

有了这1000个种子粉丝之后，微信公众号的阅读量、转发量就会有最基本的保障。扩展阶段的粉丝可通过行业QQ群、微信群、百度贴吧、豆瓣、知乎、微博等去获得。这个操作要有连续性，不断地推广、发帖，不断地与对方交流。

（3）强化关系阶段

要维护5000～100000这个区间的粉丝，只靠初期的简单运营是不够的，还需要尽快树立自身的权威。这时要做的第一件事情就是，向行业内那些知名微信公众号看齐，实时关注他们的动态，研究分析他们的布局、动向。借他们的影响力树立自己的权威，保证自己的微信公众号在行业内的一席之地。

（4）维护运用阶段

当粉丝到达100000+时，粉丝会出现两极分化，一部分活跃度很大，一部分是僵尸粉。这时必须要调整运营策略，在保持现有粉丝黏度的基础上，建立社群进行更强关系的维护。

之所以要用社群来辅助公众号运营，是鉴于当粉丝达到一定量时，大家都迫切需要一个能发表意见、与人交流的平台。建立社群，构建自己的圈子，可与粉丝更加深入互动，是保证粉丝高黏性的不败法则。

3.3.3　能引发情感共鸣

创作的境界大致可以分为3个层次。第一个层级是非常直白地写，即直接形容和描述事物；第二个层级是视觉化写法，即把不够具体的变成具体的、把难以理解的变成可被感知的；第三个层级是共鸣式写法，即把具体的事物，变成用户可以感受的情感。

好的内容都是第三个层级的写法，是可以产生情感共鸣的，如果创作者与用户的情感产生了共鸣，他们的文字、思想和观点都很容易被对方认可。因此，在撰写文案时，文案人员除了抓目标用户的痛点需求外，还必须坚持另一个重要原则：引发情感共鸣。引发情感共鸣就是找到用户最关心的地方，一旦讲到了他们最敏感、最在乎的地方，就很容易让用户感受到情感共鸣。

在内容中，多注入情感元素往往能取得比较好的效果，既能迎合用户阅读习惯，又能激发阅读欲望。

例如，在谈到钻石时，很多人会想到爱情，因此，在写此类内容时就可以从爱情这个角度入手，将爱恋与钻石结合，如图3-17所示。

在撰写公众号文章时要尽量多打情感牌，多写些符合用户情感需求的文字。假如只是纯粹地写产品介绍，就会显得过于单薄，如果加入情感元素就很容易触动用户，促使用户产生消费冲动。

内容事实上是为了间接地触动用户心理，然后再去满足用户需求，最后"润物细无声"地将产品、服务一起传达给用户，而情感可以很好地起到连接作用。

优秀的内容创作人员深谙，世界上最感人的三个字是"我爱你"，要打动用户就告诉她你爱她。

爱她，就请她吃哈根达斯。

——哈根达斯冰激凌

我做事三分钟热度，却也爱你那么久。

——珍爱网"520"内容

每个惊喜背后，都是开不了口的我爱你。

——唯品会《开不了口》

而这一切，最终都是为了引导用户购买产品。

图3-17 带有情感元素的内容

内容只字没提价格、优惠活动等，就是瞄准一个字"爱"，营造一定的场景，然后演绎出不同的情感，从内心深处抓住了用户需求，让用户对产品产生一定的情感基础。

情感类内容需要感悟生活，用心去写。情感源于生活，发自内心，想要写出一篇好的情感广告，首先要善于参悟，研究目标用户的心理，尤其是情感需求，然后将产品或品牌与情感联系起来。符合目标用户生活和情感的广告，才能引起共鸣。

优化公众号运营与推广

3.4.1 广告主: 将广告嵌入推送信息中

微信公众平台上的广告主和流量主功能是微信联合广点通共同推出的两种广告推广服务, 以帮助运营者在公众号上进一步推广产品或服务。

接下来介绍一下什么是广告主。

广告主是指, 在公众号上有投放资格的运营者 (包括企业法人、社会组合或个人)。广告主需要先在平台上认证, 同时, 申请开通广告投放服务。广告主申请开通投放广告页, 如图3-18所示。

图3-18 微信公众平台上的广告主申请开通界面

广告主开通流程可按以下步骤进行: 进入公众平台→广告主→开通广告主→同意确认协议→选择您的主营行业, 以及行业资质材料, 提交审核。值得提醒的是, 只能选择一个行业类型, 且提交后无法修改。

通过广告主功能向不同性别、年龄、地区的微信用户精准推广自己的产品和服务, 以获得潜在用户。同时, 也可以对广告效果进行监测, 查看曝光量、点击量、点击率、关注量、点击均价、总花费等关键指标, 并及时调整出价, 获得最佳的广告效果。

广告主发布的广告通常出现在图文消息页面的底部（框内部分），展示形式一般以图片、图文、关注和下载为主，如图3-19所示。

图3-19 微信公众号上广告"推广"示例

3.4.2 流量主：增加推送信息的阅读量

流量主是指广告展示的公众账号运营者，通常依靠广告主投放的广告流量来获取利润。流量主的职责在于，当广告主在流量主提供的地盘上定向投放广告后，对广告的流量进行监测，并收取月收入。流量主收入来源于广告主投放的广告点击量，用户点击量越多，获取的越多。

图3-20是公众号上流量主资格开通页面截图。

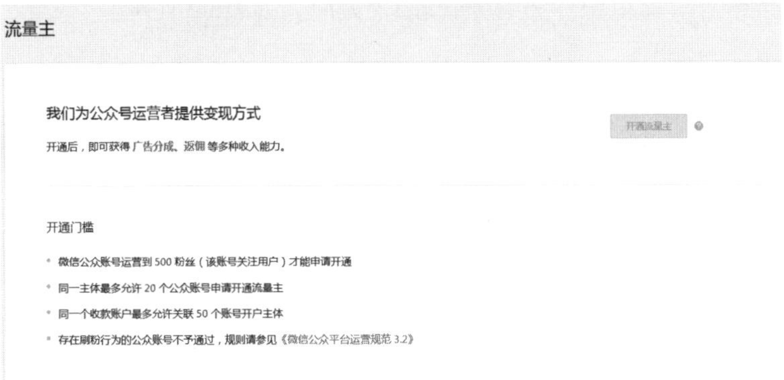

图3-20 公众号上流量主资格开通页面截图

那么，流量主与广告主是什么关系呢？流量主将公众号内指定图文消息页面底部位置分享给广告主作为广告展示，广告主每月给流量主一部分收入。

通俗点讲前者是租户，后者是租客，租户将自己的房子租给租客做生意，租客拿一部分利润回报租户。

流量主其实就是拥有公众号的运营者，从主体上看，企业、个人、网店商家、其他组织类型的公众账号皆可。但并不是每个公众号都可以成为流量主，流量主的开通要求比广告主更为严格，首先要求该账号拥有一定量的粉丝基础。腾讯对流量主的申请资格控制还是很严的，公测期间曾规定用户数达到10万以上才有资格成为流量主。运营期间有所放松，目前为止至少2万人。

不过这个数据也有所差异，对于不同的公众号类型要求不一样，具体为：

a. 媒体、政府类型需微信认证的公众号且粉丝超过2万人；

b. 订阅号用户需要群发文章，超过15条的记录（不包括已删除的文章，需要使用群发功能成功操作的有效文章内容）；

c. 原创公众号粉丝超过1万。

流量主的开通流程可按以下步骤进行：进入公众平台→流量主→申请开通→同意协议→选择广告标签，最多可选择3个标签→结算财务资料。

申请流量主时选择的行业标签最好和公众号一致，因为这样有助于定位到精准人群，从而提高广告的点击率。每个流量主最多可以选择3个行业标签，且选定后不能再修改。

与广告主相似，流量主拥有除广告主"发布、管理广告"功能之外的功能，体现在报表统计、流量统计和财务管理3个方面，如表3-3所列。

表3-3　广告主的报表统计、流量统计和财务管理

功能	详解	特点
报表统计	按时间筛选查询数据，提供关键指标趋势图，掌握数据变化拐点	实时精准、真实透明
流量统计	提供黑名单功能，屏蔽不适合的广告主；关闭流量开关，不再展示广告	核算准确、数据详细、服务优质
财务管理	按时间快速查询充值支出明细，发票申请管理	自由支配、设置权限

流量主可精准推广自己的商品或服务，并对流量进行管理，如图3-21所示。

图3-21　流量主管理页面1

流量主可查看广告的各项数据，比如，曝光量、点击量、关注量、点击均价等，以此来分析广告投放效果，以及是否投放新广告，如图3-22所示。

图3-22　流量主管理页面2

流量主可查看广告展示效果，曝光量、点击量、点击率、关注量和点击均价，如图3-23所示。

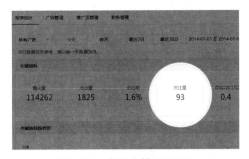

图3-23　流量主管理页面3

流量主可通过财务管理，查看昨日收入和累计收入情况，如图3-24所示。

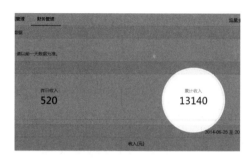

图3-24　流量主管理页面4

3.4.3　用户分析：用户需求的"风向标"

微信公众平台有3种统计数据的分析模式，分别为用户（数据）分析、消息（数据）分析、内容（数据）分析。从营销的角度看，用户分析是针对用户而做的分析，消息分析是针对市场和渠道做的分析，内容分析是针对公众号内容进行纠错、反馈和优化。

可见，做这些分析，一方面是做用户，一方面是做渠道、做市场，这也是电商企业做私域流量的前提。搞懂这3种数据，便可有效留住用户、把握市场。

接下来，就对这些统计数据进行详细说明：

当用户浏览微信公众平台页面后，对于运营者来说，就掌握了该用户的所有数据。包括基本信息、数量增减、关注时间、频率等。这些数据能够有效地分析出用户利用率和用户转化率。用户分析数据重在了解用户的变化情况，用户分析页面如图3-25所示。

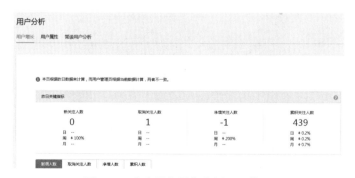

图3-25　公众号上用户分析页面截图

为了充分利用这部分数据，就需要对其进行分析，分析背后的规律，最后通过规律得出相关结论，以估计客户的价值，并确定有无扩展营销的可能性。

数据的获取需要进入微信公众平台后台，后台为用户提供了3种分析体系，一是"用户增长"，二是"用户属性"，三是"常读用户分析"。

（1）用户增长

用户增长数据包含了有关粉丝的数量指标和增长来源，主要有4个参考项目：新关注人数、取消关注人数、净增关注人数、累积关注人数。

各种数据代表的意义如表3-4所列。

表3-4 各种数据代表的意义

项目	功能
新关注人数	前一天新关注公众号的用户数量，一般情况下来自前一天推送的转化
取消关注人数	前一天取消关注的用户数量
净增关注人数	前一天净增长的关注用户数量，也就是"新关注人数"与"取消关注人数"之差
累积关注人数	前一天关注公众号的用户总数

运营者可以通过选择不同的时间段和来源进行进一步的数据分析，可以选择"最近7天""最近15天""最近30天"来查看，也可以手动选择时间段。

（2）用户属性

用户属性数据是一个公众号运营定位的重要数据参考，用户分析做得好可以为目标人群画像。有了这个参考，就可以比较精准地把握大多数人的偏好，根据用户的特征进行有针对性的运营。从而更有针对性地推广，使发布的内容更符合用户需求。

用户属性包括性别分布、年龄分布、地域分布、语言分布。根据"性别、年龄"数据可以确定主要受众群体特征，据此可以定位粉丝画像，根据反思画像决定将账号打造成什么风格，以迎合目标受众心理预期和需求。

根据"地域"数据可以判断重点开拓哪个地区的市场，哪个地区市场已经饱和，哪些市场潜力最大等。比如，要开拓全国市场或者举办线下活动，选哪个地方最容易成功，可以参考地域数据；做地方公众号，质量如何，可以参考某个

"城市"数据。

分析这一属性数据的最大意义在于，可以看出自己与自己品牌、产品、服务所对应的目标人群画像是否相符，是一个公众号运营定位的重要参考数据。有了这个参考，就可以比较精准地把握大多数人的偏好，根据用户的特征进行有针对性的运营。

（3）常读用户分析

常读用户分析是对用户分析的进一步"圈定"，数据类型同样包括性别分布、年龄分布、地域分布、终端分布等，不同的是这部分仅仅针对"常读"用户而言。也就是你的铁杆粉丝，他们几乎会看你发的每一篇文章，经常与你互动。

分析这类数据有利于你有针对性地管理粉丝，因为铁粉才能给你带来效益，80%的经济效益是由20%的忠诚粉丝带来的。这部分粉丝虽然数量不多，但却是重点管理对象，尤其是"常读用户变化"这一项数据，反映了一定期限内铁粉的变化情况，分析这一项数据有利于运营者根据变化情况采取相应措施。

3.4.4 内容分析：根据用户喜好调整推送内容

内容分析数据能够帮助运营者把控文章在推送出去之后，被用户的接受程度，点击微信公众平台后台功能列表中的"内容分析"模块，在跳出内容分析界面上即可查看，该模块上面显示的有两部分，分别为"单篇群发"和"全部群发"，如图3-26所示。

图3-26 公众号上内容分析页面截图

单篇群发，提供的是某篇文章的数据，如送达人数、阅读人数、分享人数以及时间等。全篇群发，可以查看某段时间内所有发送的图文数据，不过一般来讲只可查看7天内的数据统计。

可查阅的数据包括图文页阅读人数、原文页阅读人数、分享转发人数等。各个指标的概念如表3-5所列。

表3-5 各个指标的概念

项目	功能
送达人数	图文消息群发时，送达的人数
图文页阅读人数	单击图文页的去重人数，包括非粉丝
图文页阅读次数	单击图文页的次数，包括非粉丝的单击
图文转化率	图文页阅读人数／送达人数
原文页阅读人数	单击原文页的去重人数，包括非粉丝
原文页阅读次数	单击原文页的次数，包括非粉丝的单击
原文转化率	原文页阅读人数／图文页阅读人数
分享转发人数	转发或分享到微信好友、朋友圈的去重用户数，包括非粉丝
分享转发次数	转发或分享到微信好友、朋友圈、微博的次数，包括非粉丝的单击
图文页	单击图文消息进入的页面
原文页	在图文页单击"阅读原文"进入的页面

对运营者来讲，也不必对每种数据都进行分析，重点分析的数据主要有以下4种。

（1）**图文页阅读次数**

也就是我们平时说的"阅读量"，做品牌、做传播的文章最关注的就是这个数据，标题是影响本数据的主要因素。

（2）**分享转发次数**

如果说文章的标题决定一篇文章的打开率，那么文章的内容质量则决定了这篇文章的转发量，所以转发次数是评判一篇文章质量的重要标准。

（3）微信收藏人数

如果想要知道一篇文章的实用程度，则要注重查看收藏人数，这也是为什么很多教程类的文章阅读量不高，但收藏率很高的原因。

（4）原文页阅读次数

也就是用户单击文章左下角的"阅读原文"的次数。"阅读原文"一般是企业或运营者设置的产品、网站等的相关链接，用户的黏性以及文章的内容质量是影响该数据的主要因素。

通过内容分析功能虽然可以查看每周、每天的用户浏览数据，但不代表浏览量就是实实在在的用户。那么如何根据这些数据确定哪些用户是铁杆粉丝，哪些用户只是"游客"呢？

这时，可根据平台上的"阅读来源分析"功能来鉴别，平台为运营者提供了公众号、朋友圈、微信收藏等多种来源渠道数据分析，可根据渠道进行再定位，如表3-6所列。

表3-6 阅读来源-数据分析

时间	图文页阅读		从公众号打开		从朋友圈打开		分享转发		从微信收藏打开	
	人数	次数	人数	次数	人数	次数	人数	次数	人数	次数
2022-6-15										

通常来讲，只有来自公众号的用户才是有效用户，因为只有关注了公众号才可以从公众号上看到发布信息；而来自朋友圈，或者微信收藏的用户，大多数是没有关注公众号的用户，能看到推送内容很可能得益于朋友的分享和转发，不过这部分人也有可能转化为订阅用户。

3.4.5 消息分析：查看信息的群发效果

消息分析数据用来查看文章的群发效果，运营者除了时刻关注用户数据外，还要注意自身的数据，尤其是产品发布、推广、促销活动方面的信息，当你在公众号平台上发布后，可以在后台上查看群发效果，这是决定你的产品或促销能否被用户接受的重要前提。

查看信息的群发效果，可登录微信公众平台后台，通过功能列表中的"消息分析"模块实现，公众号上消息分析页面截图如图3-27所示。进入后点击"消息分析"即可跳出内容分析界面，平台为运营者提供了两种消息分析体系，一个是"消息分析"，另一个是"消息关键词"。

图3-27 公众号上消息分析页面截图

（1）消息分析

消息分析可以看到消息发送的人数、次数以及人均发送次数。

各种数据代表的意义如表3-7所列。

表3-7 "消息分析"各种数据代表的意义

项目	功能
消息发送人数	关注者主动发送消息的去重用户数
消息发送次数	关注者主动发送消息的次数
人均发送次数	消息发送总次数／消息发送的去重用户数

（2）消息关键词

消息关键词数据指标可以反映出订阅用户对哪些功能或者内容需求量比较大。

各种数据代表的意义如表3-8所列。

表3-8 "消息关键词"各种数据代表的意义

项目	功能
关键词	用户发送文字中包含的特殊名词
自定义关键词	公众号在编辑模式中预先设置的关键词
非自定义关键词	非公众号在编辑模式中预先设置的关键词

3.5 个人微信号、朋友圈人设打造技巧

前面提到，打造微信私域流量池除了公众号之外，还有个人微信号、微信群、朋友圈。这些功能在吸粉和引流上发挥着重要的作用。吸粉和引流的方法如图3-28所示。

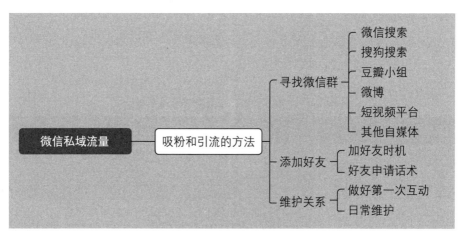

图3-28 微信吸粉和引流的方法

在做微信个人号、微信群、朋友圈私域流量池时，最关键的还是打造人设。即个人通过微信对外传递的个人定位，具体点就是要表明：自己是谁，是做什么的，能为用户带来什么价值。要回答以上几个问题，必须通过明确的人设来实现，接下来将阐述的是微信号和朋友圈人设打造的技巧和原则。

（1）微信头像

微信头像千千万，但在这里有明确的标准，而且只有一个：那就是上半身的形象照（照相馆拍摄的个人商务大头照），要求背景干净、五官清晰、精气神满格、活力充足。

（2）微信昵称

微信昵称的拟写也有固定的格式，通常有两种，如图3-29所示。

1 公司+中英文全名 　　**2** 公司+职位+中英文全名

图3-29　微信昵称的拟写格式

"公司"表明的是你来自哪里；"中英文姓名"目的是便于粉丝更好地识别；"职位"体现的是专业度。专业等于信任，当你以最专业的形象出现时，客户自然会找到你。

（3）微信个性签名

当对方加你微信时，对方第一时间看到的就是你的个性签名和朋友圈。因此，个性签名要能最直观地告诉对方你在做什么。

以加推为例：

a. 加推：是一款赋能销售人员的智能系统！

b. 加推：为企业里的每个人建一个站，开启全新智能商务，提升每个人的商业价值。

（4）朋友圈

①**封面。**

专业化的朋友圈封面有利于提高个人的专业形象，既能展示个人的专业度，又能展示公司的品牌，为自己背书。

②**内容。**

对于朋友圈内容重点强调两条，一个是发布数量，另一个是发布的信息类型。数量上建议每天发6条左右。内容取向上要以有利于公司第一价值的、可以对外传播的内容为主，可以是文章，也可以是视频。

另外，还要坚持动态适量原则，即为方便客户及时了解你是干什么的，应保证其翻看3条朋友圈就可以看到1条产品信息。

（5）打造个人名片

个人名片主要是通过加推智能名片功能实现，接下来将阐述如何通过加推人工智能名片功能打造一张个人电子名片。打造技巧如表3-9所列。

表3-9 个人电子名片打造技巧

应设置的部分	打造技巧
名片头像	参考微信头像
名片样式	6大风格类型 | 类型	适合人群
大头像	适合网红类
商务版	偏商务正装
绿叶版	底纹是绿色清新风，适合女性
黑金版	适合高端理财、高科技、高端客户群、私人定制类
简约版	适合网红、淘宝风
极简版	适合喜欢极简风格的人	
名片个人简介	包含自我描述、我的标签、我的语音、好友评价等4大组件。 | 组建	具体要求
自我描述	个人简介（我是谁）：职业履历、取得的业绩和专业领域。 公司简介（我是干什么的）：公司信息、产品信息、相关案例、奖项、近期动态等
我的标签	好的标签一定是能够起到正向作用的，也就是能够快速、有效地帮你连接到你想要连接的人。标签必须有精准、有效、好记3个特点
我的语音	可以录制一段语音，语音内容不限，可讲公司、产品、个人，也可以讲理念，还可以激发认同，提升客户对公司或个人的好感
好友评价	客户可以通过"好友评价"内容，在心中对你建立较为靠谱的初始印象	

第 **4** 章

微信小程序私域：
完善内容生态

后微信时代做私域流量只做朋友圈、公众号是不够的，还要结合小程序。微信小程序已是电商标配，基于其强营销的属性可以实现流量的高效变现，加快裂变传播。

微信小程序的概念

　　微信小程序是腾讯公司于2017年1月9日正式上线的一项微信功能，内置于微信中。该功能最大的特点是方便快捷，信息可以在微信内被便捷地获取和传播；同时具有出色的使用体验，不用下载，用完即走，较之以往的APP类应用更轻便。

　　微信小程序在微信整个生态圈已经形成良好的化学反应，即便是一个小小的功能也引起了业界的极大关注，如图4-1所示。

　　微信小程序发展历程：

　　a. 2016年1月11日，微信之父张小龙在一次内部会议上提出开发微信小程序的设想。

　　b. 2016年9月21日，微信小程序开启内测，并引起广泛关注。

　　c. 2017年1月9日，第一批微信小程序正式上线，用户可以体验到各种各样的小程序服务。

　　d. 2018年1月25日，为提升用户使用体验，开发者可以设置小程序菜单的颜色风格，并根据业务需求，对小程序菜单外的标题栏区域进行自定义。

　　e. 2018年3月，广告组件启动内测，增加多项接口和功能，开发者可以通过微信小程序来赚取广告收入。

图4-1　微信小程序入口

　　f. 2018年8月10日，升级后台数据分析及插件功能，开发者可查看已添加"我的微信小程序"的用户数据。

　　g. 2018年9月28日，正式开放"功能直达"，商家与用户距离可以更近一步：用户微信"搜一搜"，搜索页面将呈现相关服务的微信小程序，点击搜索结果可直达微信小程序相关服务页面。

　　h. 2019年8月9日，微信开始支持打开聊天中分享的微信小程序。安装最新

PC端微信后，点击聊天中的微信小程序，便会弹出微信小程序浮窗。

i. 2022年1月6日，微信小程序日活超过4.5亿，日均使用次数相较2020年增长了32%，活跃小程序则增长了41%。

微信小程序实现了应用"触手可及"的梦想，用户通过微信扫一扫，或者搜一下即可打开应用。也体现了"用完即走"的理念，用户不用关心是否安装太多应用的问题。开发者可以快速地开发一个微信小程序。它在微信内被便捷地获取和传播，同时具有出色的使用体验。微信小程序亮相后逐渐显现出了它的威力，各种新服务不断上线，越来越贴心。

微信小程序是一种不需要下载安装即可使用的应用，应用将无处不在，随时可用，但又无需卸载。

对于商家来讲，拥有微信小程序也非常简单，微信小程序与订阅号、服务号、企业号是一个并行的体系。全面开放后，企业、政府、媒体或组织都可申请。申请步骤如下：

a. 打开微信公众平台，在右上角点击"立即注册"。

b. 选择第三个"微信小程序"的选项。

c. 填写用户的基本信息，每个邮箱仅能申请一个微信小程序，填写完成以后会发送一封确认邮件到邮箱。

d. 从邮箱打开确认链接，完善注册信息，目前仅限企业、政府、媒体、其他组织注册，个人暂时不能注册。

e. 填写完信息即可注册成功，成功后即可跳转到登录成功首页，登录成功后还需要认证企业信息方可使用。

f. 程序信息完善：填写微信小程序基本信息，包括名称、头像、介绍及服务范围等。

g. 开发微信小程序：完成微信小程序开发者绑定、开发信息配置后，开发者可下载开发者工具、参考开发文档进行微信小程序的开发和调试。

h. 提交审核和发布：完成微信小程序开发后，提交代码至微信团队审核，审核通过后即可发布。

微信小程序的应用场景

在微信小程序开店已是时代标配，通过微信小程序来实现流量的变现，基于微信小程序的强营销属性，刺激快速裂变传播，能够带来更多的客户和订单。

2021年，微信小程序日活跃量超过4万亿，这意味着微信小程序电商已经成为电商势力中不可忽视的一股力量，微信小程序电商背后代表的其实是营销运营服务的综合能力。在"后微信时代"，做私域流量并不是只做公众号营销就可以了，也需要考虑微信小程序及其附带的运营和服务。比如，在零售行业，一些品牌借助微信+微信小程序商城的生态构建私域流量池，完成了纯线下商业到线上线下融合的转变。

不同微信小程序有不同的定位，不同的用途，可运用的场景也不同。如网购、买电影票、餐厅点菜、酒店预定、旅游；查询股票、查询天气信息、查看新闻、收听广播；查询公交、网约出租车、共享单车等。

严格意义上讲，微信小程序其实早已有之，如微信钱包中的手机充值、生活缴费、酒店等各种功能，如图4-2所示。

图4-2 微信上早期开放的微信小程序

点击进入这些功能之后，看到的就是一个个网页应用，这些网页也可以称为是微信小程序，只不过目前为止都是腾讯内部提供的。微信小程序的开放就是指让其他第三方公司也可以开发自己的应用，这些应用可以在微信中快捷呈现出来，不需要在移动APPStore中下载。

用户可以通过二维码、搜索等方式打开微信小程序。

用户只要将微信更新至较新的版本，只要使用过一次微信小程序后，便可以在发现页面看到微信小程序TAB。

4.3
4.3　微信小程序的优势

4.3.1　搜索和查找更容易

微信小程序显示在微信发现界面，这样的设置使用户在搜索和查找时更方便。用户想使用某个微信小程序时可以快速返回至聊天界面，而在聊天界面也可以快速进入微信小程序，实现微信小程序与聊天界面之间的快捷切换。切换界面如图4-3所示。

图4-3　微信小程序与聊天界面之间的快捷切换

只要是使用过的微信小程序，将以列表的方式呈现在微信小程序TAB中，如图4-4所示。

图4-4 微信小程序以列表的形式呈现

同时，也可以通过公众号主页进入微信小程序内，如在公众号"毒蛇电影"的主页中可以看到相关微信小程序，点击即可进入相应微信小程序。由于处于同一账号体系下，公众号关注者可以更低的成本转化为微信小程序的用户。

4.3.2 操作更便捷

微信小程序被誉为移动互联网新贵，它的出现将杀死一切APP的说法甚嚣尘上，有人称这是"新一代操作系统"。杀死一切APP有些夸张，但绝对担当得起"新一代操作系统"的称号。微信小程序最大的优势就在于无需安装、使用方便。它是一款即时使用的手机"应用"，只需要扫描二维码，或是搜一搜，就能立即使用。

就像关注微信公众号一样，只需知道它的名字，或者二维码就能使用某款微信小程序，如查询艺龙酒店预定，就可以直接关注其微信小程序，如图4-5所示，享受相应的服务。或知道某一功能，也可通过查找关键字在搜索栏中搜索，然后再确定相应的微信小程序。例如，查询共享单车，当输入"单车"字眼时就会出现青桔单车、美团单车、哈罗单车等共享单车的信息，如图4-6所示，只要出现在搜索栏中便代表已经开通微信小程序。

不同的微信小程序，能帮用户实现不同的功能，如共享单车、查询公交、买电影票、餐厅排号、餐馆点菜、查询股票信息、查询天气、收听电台、预订酒店、打车、查汇率、查单词、买机票、网购等。

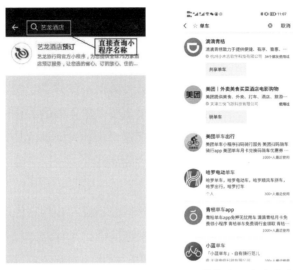

图4-5　微信小程序查询方法1　图4-6　微信小程序查询方法2

4.3.3　交互性更强

微信小程序与订阅号、服务号、企业号是并行的体系，个人、企业、政府、媒体或其他组织的开发者，均可申请注册微信小程序。

与公众号相比，微信小程序要优于公众号。微信小程序有丰富的框架组件和API接口可供开发者调用，基于微信小程序的运行能力和流畅度可以带给用户与本地移动APP一样的使用体验。在获取更好体验的同时，交互性也更好。

这种体验性、交互性体现在两个方面：一个是用户与用户之间的交流互动；另一个是用户与开发者之间的交流互动。

用户与用户之间的交流互动是指微信小程序可以分享至对话框的功能，一个用户在使用某个微信小程序时，如果感觉非常好就可以分享给自己的朋友，如图4-7所示。

图4-7　"自选股"微信小程序分享展示

如果说用户与用户之间交流这一层面，无法特别明显地体现出微信小程序优势的话，那么第二个层面的优势则比较明显，也是公众号很难做到的一点。

第二个层面的交流互动是在用户与开发者之间，体现在微信小程序上就是可以对特定功能进行设置。以某健身类的服务号为例，该号主要向学员提供健身服务，如推送新课程信息等。然而，这种互动主要是单方面的，往往是开发者单方推送，用户被动接受，但如果有学员希望根据自己的时间预约某些课程、预约教练单独指导等，利用服务号是很难做到的。除非开发者自己开发一个完整的预约系统嵌入其中，用户下载使用。

但微信小程序出来后用户就不会再有这样的担忧，预约这件事情变得非常容易。开发者只要开发出一个具有时间预约功能的微信小程序即可。用户可以随时随地用这个微信小程序预约自己想要的课程、喜欢的教练。反过来讲，对于运营者来说，也使自己的服务更有特色，更具个性化，也更容易满足用户的多样化需求。

4.3.4 性能更优越

相比之下，移动APP流量成本较高，微信小程序能减少所有产品对用户时间的竞争。微信小程序是对移动APP的进一步简化和优化，开启了超级移动APP，或者说是轻移动APP的时代。因此，微信小程序就是一种轻移动APP模式。

对某些重要的功能进行优化，使某个功能更突出。比如，在以往很多移动APP中，尤其是综合性的移动APP往往会嵌入很多功能，这样做的缺点是干扰了用户体验，同时下载后占据的空间也很大。而微信小程序则可将移动APP中最核心的功能在微信小程序中进行保留。

比如滴滴出行微信小程序，如图4-8所示，仅保留了叫车功能，而移动APP中的地图、出行方式选择、用户界面、商城等功能都被舍弃掉了。

图4-8　滴滴出行微信小程序界面

4.4 微信小程序社交电商的玩法

电商要想获取社交流量，就在于与用户产生交互的过程，让用户在其中也能获得认同感和价值感，激发用户的潜在需求，通过社交了解用户在某些特定场景的需求，以激发产生后续的购物行为。

微信小程序为电商的运营提供了各种营销工具，进行归类划分的话，可分为5种方式，如图4-9所示，帮助商家实现私域流量的转化和销量增长。

图4-9　微信小程序电商运营的5种方式

（1）拼购类

可以通过拼团、砍价的形式，以低价为核心吸引力，刺激用户主动分享形成自传播，从而带来更多的新客和订单。这也是当下成本较低、应用广泛的推广方式。

梅州金柚（海嘉农产品）在上市前夕，在微信公众号零粉丝的背景下，通过蜜柚拼团活动为公众号吸粉，一周内为小程序带来5500多名新用户，部分截图如图4-10所示。

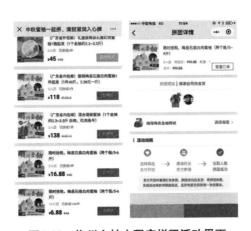

图4-10　梅州金柚小程序拼团活动界面

商家以拼团价格差刺激用户掏腰包购买、组团裂变，为商户带来新流量。需要注意的是，拼团类要求种子用户必须邀请指定数量好友一起购买，才可享受优惠或福利。

（2）社交类

可通过分销机制，商家给予邀请激励和佣金分配，让用户主动邀请亲朋好友加入，成为分销员，实现高效裂变和商品销售，这种方式适合有高毛利空间的商品。

品牌和商家还需要结合自身的需求，在实体店打造多场景，适合自己的微信小程序和营销方式，利用微信生态，圈住客户，做精准营销，更易促进转化，实现流量和销量的双增长。

在店场景中，导购可以引导客户关注公众号、小程序，将用户沉淀在商家的公众号中，帮助品牌建立用户资产库；离店场景中，导购可以通过APP、微信等平台多次触达用户，帮助品牌拉进与用户之间的关系。

以木墨实木家具为例，为引导客户进入小程序商城，木墨通过线下展会与门店旁边放置小程序码以及导购主动邀请用户扫专属二维码，并在小程序中设置了导购优惠券。导购通过APP工作台将优惠券推送给消费者，引导消费者在线购买与回购。运营近一个月，导购功能为木墨新增了用户6500+，带来销售额增加30%，连带到店率提高20%。

（3）社群类

可以通过聚集精准客户建立社群，将高活跃、高忠诚粉丝聚合起来，通过社群的方式进行精细化运营。日常通过优质内容，比如，活动信息、分享优惠券、群员互动等方式，增强客户黏性，让客户持续购买产品或者增值服务，产生变现能力并在此基础上做口碑传播。

零食品牌洽洽为了增加用户黏性，建立洽洽吃货集合福利社群和洽洽推客福利群，通过每日爆款、限时秒杀等活动，盘活社群粉丝，小程序商城的转化率提升86%。图4-11中是洽洽微信小程序社群活动界面。

（4）促销类

如通过秒杀、折扣、优惠券等来激发用户抢购。还可以使用预售形式，商家可以根据订单去备货，避免库存的积压和资源浪费。

（5）会员类

会员类适用于各行各业，可通过购买会员卡、会员储值、积分商城等组合方式来增强用户黏性，提高忠诚度，通过对会员的精耕，提高复购次数，增加营收。

图4-11 洽洽微信小程序社群活动界面截图

不同于传统电商以流量带来用户，社交电商做的是以用户带来用户。所以社交电商模式更注重用户、产品、内容，以此激发用户非主动型消费，也就是没有想过但也会去买。所以比传统形式更适合用户的购物习惯。

无论是借助社交力量实现裂变式拉新，还是做有情感的内容打造极致用户体验，抑或关注粉丝利益构建粉丝策略，其核心都是通过微信小程序的社交属性放大用户的参与感，让用户深度参与到商家的每一个活动中来，打破用户沟通屏障。

利用微信平台把做产品、做服务、做品牌、做销售的过程开放，让用户参与进来，建立一个可触碰、可拥有和用户共同成长的生态，真正留住客户实现流量的闭环。

4.5 微信小程序引流的方式

4.5.1 微信小程序线上引流

微信小程序正处于飞速发展期，给电商企业带来了更多商机。而对于商家而言，运营微信小程序最难的，莫过于推广引流。推广引流是微信小程序运营过程中最重要的一部分，具体的推广引流可分为线上和线下两种。

下面将详细阐述线上推广引流的渠道，常见渠道如图4-12所示。

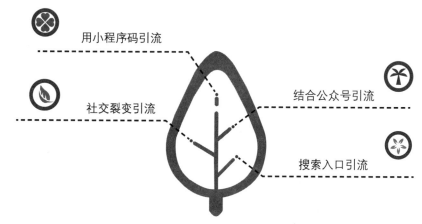

图4-12 微信小程序线上推广引流的渠道

（1）用小程序码引流

每个小程序上线后都会形成自己独一无二的小程序码，而这个码是最直接的引流途径。在线上或线下举行活动，或是设计宣传册、海报等都可以添加到小程序码中。这样，用户只要手机扫码就能打开小程序，参与活动，非常方便。

（2）社交裂变引流

小程序是基于微信运行的，而微信又是最大的社交软件，所以在小程序引流上可以充分利用微信的社交功能，重视社交裂变。比如，将小程序分享到微信群、微信好友、朋友圈等，既能吸引微信中的好友使用小程序，又便于好友使用之后去分享，最终形成裂变效果。

（3）结合公众号引流

微信公众号和微信小程序都是微信官方的平台，两者可以实现无缝结合，且公众号用户忠诚度高，打通微信公众号和微信小程序，可以实现两者粉丝的互通，引流效果就会更理想。

具体操作方法是运营微信公众号时，在内容当中植入小程序的信息，将公众号用户成功导流到小程序中。

（4）搜索入口引流

当用户需要某个小程序时会习惯性地在微信搜索中进行搜索。这时，名称与用户搜索词相关的小程序就会优先展现出来。所以，企业在确定小程序名称时，要尽量选择那些用户经常搜索的词，这样用户就能更容易搜索到自己的小程序。

4.5.2　微信小程序线下引流

虽然很多人习惯了线上引流，但随着小程序的深入发展，竞争不断加剧，仅靠线上引流肯定是不够的。那么，如何在线下推广微信小程序就成了运营小程序需要解决的另一大难题。

众所周知，每个微信小程序都有特定的二维码，运营者只需利用好这个载体，在线下主动出击，便可获得不错的推广效果。

下面是常用的4种线下推广小程序码的渠道，如图4-13所示。

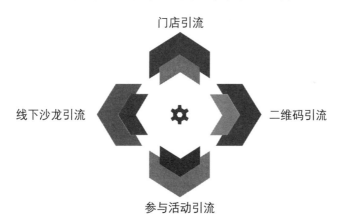

图4-13　微信小程序线下推广的渠道

接下来将进行分析解读，以帮助商家快速掌握小程序线下引流。

（1）门店引流

门店引流就是利用小程序二维码、社交软件等载体，在实体店门面中对微信小程序平台及相关产品进行推广。针对有实体店的商家，可以先让消费者添加运营者微信。只要加了微信，不管能不能成交，至少流失率能控制在最小范围之内。

实体店是一种很好的线下推广渠道，较之线上，优势还是很明显的，具体如图4-14所示，小程序运营一定要好好利用这个资源。

| 实体店的多场景展示，更有利于客户主动添加微信小程序 |
| 面对面交流更容易消除客户心理戒备，增加客户忠诚度 |
| 便于实实在在感受实体店的产品和服务，增加客户信任度 |

图4-14　实体店小程序引流渠道的优势

那么，如何进行实体店线下引流呢？具体有3种方法，如图4-15所示。

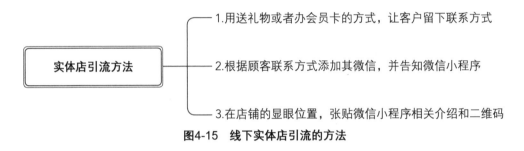

图4-15　线下实体店引流的方法

（2）二维码引流

从加微信好友，到微信支付，只要手机在身上，通过扫码能够做很多事。微信"扫一扫"无疑给人们带来了越来越多的便利，与此同时，人们也越来越习惯于通过扫码进行相关操作。二维码推广就是将二维码直接作为一个入口，通过在各种活动中融入二维码这个载体，对微信小程序进行推广的方式，用户只需用微信"扫一扫"识别便可以进入。

（3）线下沙龙引流

沙龙是一群志趣相投的人在一起交流的线下社交活动，运营者利用线下沙龙推广，即在参加沙龙的过程中对微信小程序进行推广。

其实这种方式与微商推广类似，只需将二维码和产品介绍换成小程序就行。线下沙龙推广的目的是让更多潜在用户转换成目标用户，这是进行线下推广的前提，有目标地进行引流，就能得到最好的效果。

（4）参与活动引流

与参加线下沙龙推广小程序一样，小程序运营者也可以通过参加线下其他活动的方式，进行小程序推广引流，比如参加线下比赛、参加培训课等方式，这些方法都非常有效。但是需要注意的是，线下推广虽然行之有效，却不可能一蹴而就，起初可能没有获得预期效果，但是只要坚持，就一定会获得不错的成效。

4.6 未来趋势：多平台布局，跨端运营

根据微信小程序私域的运营方式，推而广之，我们也可以开通其他平台上的小程序，充分释放小程序+私域流量的优势。现在很多商家不但开通微信小程序，还开通了其他平台上的小程序，而且每种都已经有非常典型的成功案例做支撑，这对想进一步深化运营小程序私域流量的电商企业而言非常重要。

（1）多平台布局

做小程序私域流量，大多数电商企业首选是微信，其次还要多平台布局，如支付宝、百度、头条系等超级APP平台。

例如，科大讯飞就在微信、支付宝和头条三个平台里，根据不同平台的用户使用场景、属性采用了相对应的布局策略，具体如图4-16所示。

微信	支付宝	头条
微信使用场景：熟人社交。 布局策略：重点推广个性化语音祝福，每到节假日会发布大量祝福性内容；另一点是结合社交场景，让祝福产生裂变。	支付宝使用场景：信用授权。 布局策略，建立租赁讯飞的翻译设备小程序。支付宝有着天然的生活金融属性，如蚂蚁生态、花呗金融可与产品进行较好融合。	头条使用场景：阅读+视频。 布局策略：结合资讯内容，做文字转音频的工具，帮助用户从视听两个角度接收内容。例如车载、智能家居等。

图4-16 科大讯飞：多平台布局小程序

科大讯飞结合微信社交去中心化的属性，推出了适合祝福场景的个性化语音祝福功能，并结合社交场景做裂变。结合支付宝的生活金融属性，推出适合信用授权场景的讯飞设备租赁业务。结合头条的资讯和工具应用属性，推出了适合Free-hand场景的语音转文字服务，帮助用户从视听两方面接收信息。

另一个案例是粒上皇，小程序在支付宝是这样获取私域流量红利的。

粒上皇利用支付宝有很强的支付属性的特点，在用户使用支付宝支付时发放优惠券。如在周边3公里内粒上皇线下店支付成功，就有机会在支付成功页面领取到粒上皇的优惠券，此券可供用户到附近门店或者线上消费抵扣。

然后，再结合蚂蚁会员体系，更好地拉动用户在线上和线下的消费复购。小程序可以通过店内二维码有效地将线下和线上的用户归一。比如，在粒上皇门店中鼓励用户扫描二维码领取优惠券，将线下用户和线上小程序做关联，既可以将线下用户在小程序端完成用户沉淀，还能观察用户的消费行为习惯。

（2）利用数据做好精细化运营

小程序从发展速度来看已经从跑马圈地、野蛮生长的阶段，到了需要利用数据做好私域流量精细化运营的阶段。当完成用户沉淀动作以后，要观察和管理小程序用户的生命周期。小程序用户的生命周期通常分为4个阶段，如图4-17所示。

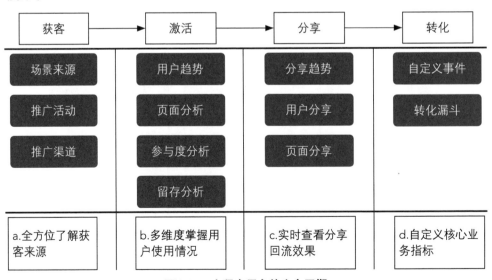

图4-17 小程序用户的生命周期

① 全方位了解获客来源。小程序天然的去中心化属性，使得开发者需要360°了解用户来源分布，观察用户来源的主要途径，以便从源头抓住用户的特点。

② 多维度掌握用户使用情况。帮助开发者在裂变过程中找到用户体验路径和关键业务路径，从而做好小程序的精细化运营。

③ 实时查看分享回流效果。辅助开发者了解信息传播路径、覆盖人群属性，以及KOL和KOC的数量和分布特点，定向研究他们的画像可以帮助开发者快速找到潜在用户群体在哪里。

④ 自定义核心业务指标。通过自定义事件和转化漏斗找到运营需要优化改进的核心指标。

（3）做好小程序矩阵

简单来说，就是在单个平台建立多个小程序，去触达不同场景下的公域和私域流量。

小程序本身并不是独立中心化的体验入口，而是有需求的用户通过搜索、分享等从外部带来的去中心化的流量。商家可以结合业务特点和APP功能将小程序打散，做成多个体验更好的独立小程序，搭建起完整的用户使用体验路径。

将小程序在不同场景下拆分成多个功能点，可以扩大商家运营的用户范围。在不同平台构建品牌小程序、品牌流量池和品牌流量矩阵，再结合整体数据精细化运营，将这部分用户完全沉淀下来。

最后，通过数据洞察不同平台用户的行为方式，反过来针对各平台用户的属性特征进行有针对性地运营。

例如威马汽车，将用户体验路径分拆为多个小程序，将整个品牌的投放、预约试驾、售后购买、售后使用等使用多个小程序组成矩阵，从多个场景进行引流。并从用户体验路径中观察用户在不同阶段的需求点和转化的效果，从而建立了威马汽车自有的品牌流量池，还培养了用户定期使用小程序的习惯。

威马汽车的详细运营路径如图4-18所示。

（4）跨端运营

不同端口都会沉淀一定数量的用户，比如，APP端用户的沉淀；不同小程序端也会有用户沉淀；微信、支付宝中的内容号也有较强的粉丝沉淀能力。实现跨端运营，可以将不同端的用户进行充分整合，实现资源的互通有无。

做跨端运营，关键是将不同端的用户进行关联，比如，APP端可以通过微信、QQ或者支付宝的授权登录端口完成登录以后，小程序数据就可以与APP用户发生数据关联。这样小程序用户的用户行为习惯就可以跟APP用户的行为标签进行关联了。同时，从APP端分享的内容以小程序的形式发到各类社交平台上，又反向关联了其他平台小程序用户的行为数据。

图4-18　威马汽车小程序矩阵

小程序跨端运营的路径如图4-19所示。

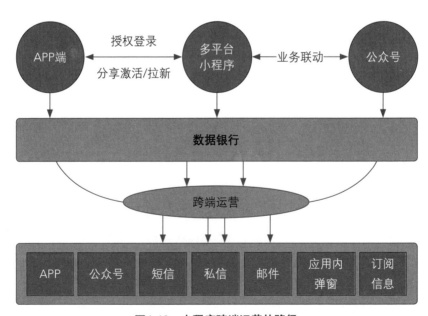

图4-19　小程序跨端运营的路径

当然，这些数据关联需要建立在"数据银行"之上，将设备信息、用户ID信息、移动端的行为信息、消费等级信息、会员等级信息在企业端做好沉淀，才能真正做到以企业的角度去观察用户跨端之后的行为特征，以及当前用户的具体状态，从而指导企业用多元化的运营手段去提升触达用户的效率。

由于，小程序无法像传统电商APP一样在程序中形成完整的电商成交链路，因此，通过数据关联是跨端运营的关键。

例如，小程序通过私域内容种草观察某个用户的兴趣标签，当用户登录APP时观察其活跃时间段，通过数据银行就可以将这两部分的客群标签进行关联，然后结合工具选择合适的信息、合适的场景去触达用户，这种运营方式可以让单品在同时间段内增加近三成的转化量。

第 5 章

APP私域：
以技术搭建框架

　　做私域流量不是从公域流量引来就可以了，关键是要将这些流量"存"起来。也就是留存，留存需要载体，而这个载体往往就是APP，APP是品牌建立私域流量池的技术保障。

5.1 建立私域流量的基础

APP是移动互联网时代企业的门户网站。众所周知，PC时代大多数企业为满足客户查阅需求，会建立一个网页版的门户网站，同理，在移动时代，企业也需要有自己移动版的门户网站——APP，特别是大企业、大品牌。

APP是手机软件，是指将传统PC版网页以客户端的形式，展现在手机终端上。它可以在各大应用商店直接下载，方便而快捷。APP的作用很多，比如，可以为使用者在移动设备上提供互联网入口，满足用户咨询、购物、社交、娱乐、搜索等各方面需求。随着智能手机移动终端设备的普及，许多电商企业已经把它作为宣传广告和进行商品促销的一种工具。

除此之外，从流量角度讲APP还有个重要作用：引流。开发自己的APP可以建立用户链接，用APP建立自己的私域流量池。

APP是建立自己私域流量的基础，比如肯德基的APP，APP一端的流量池建得很大。这是由于该APP主要是基于用户来经营，以用户为切入点，实现了用户在线、商品在线、交易在线、营销在线、组织在线五个在线，大大提高了用户体验。

5.2 二维码：打通线上线下重要通道

5.2.1 扫一扫成为进入移动端的重要入口

二维码是移动互联网时代最显著的标志之一。当在移动端消费成为新的潮流后，各个企业纷纷进军移动端，开始移动互联网营销。如何将用户引流到移动端呢？最主要的途径就是二维码。二维码凭借其现代化、网络化、便捷性的优势迅速成为用户进入移动端的入口。

对于二维码人们再熟悉不过，商场、电梯、地铁里、道路旁，各式各样的二维码随处可见，"扫码有惊喜"无处不在吸引着人们情不自禁地拿出手机扫一扫。商品外包装上，机票、火车票等各种票据上，餐桌上、咖啡店里等各种消费场所，电视屏幕和户外广告牌上等处，也都印着企业、商家的二维码。

在移动互联网时代，二维码随处可见，随地可扫。扫描二维码已经成为现代社会人们获取日常生活信息、消费信息最便捷的方式之一。

关于二维码技术，其实是一项老技术，最早起源于日本，是丰田汽车公司的一家子公司在20世纪90年代为追踪汽车配件而开发的。这项技术在长达20多年的时间里并没有得到广泛应用，却在近几年，随着移动互联网的高速发展，移动智能设备的普及，重新焕发了新颜，被企业深度开发，并运用于各种场景中。

二维码是一种比较高级的条码，基本原理是按照特定的集合图形和一定规律分布形成的黑白相间的图形，这种图形是二维的（相对一维而言），这也成了二维码的核心所在。由于在编制上，巧妙地利用了计算机内部逻辑基础的"0"和"1"的概念，使用若干个与二进制相对应的几何图形来表示图片、文字、数据等信息，因此比一维码更先进，容量更大，安全性更高。二维码在记录数据、信息时，可以在水平和垂直两个方向上同时进行，而一维码只能在水平或垂直其中一个方向上进行，因此两者在信息量的储存上存在较大的差距。二维码、二维码（条形码）如图5-1、图5-2所示。

图5-1　二维码　　　　图5-2　二维码（条形码）

正是由于二维码具有容量大、安全性高的特点，再加上使用便捷、成本低廉，应用领域得到了极大拓展。二维码的应用非常广，已经涉及各行各业，已不仅是获取信息、扫描支付那么简单，在很多方面都会用到，如医疗管理，旅游管理，票务管理，鉴别真伪，企业中的生产管理、会务管理、资产管理、员工管理等。

　　鉴于本节主要是阐述二维码与移动互联网营销这一主题，接下来就重点讲一下二维码是如何与移动互联网营销结合的，或者说二维码在移动互联网营销中起着什么样的作用。二维码在移动互联网营销方面，既是企业、商家对外展示的窗口，也是用户了解企业、了解产品的主要入口。

5.2.2　二维码与移动营销结合的方法与技巧

　　二维码与移动营销的结合主要有两条路径，一个是从用户到企业、商家，另一个是从企业、商家到消费者，两条路径是相逆的。如在淘宝、大众点评网站，或者一些微商、电商的宣传海报上，经常看到一个醒目的二维码。这些二维码的作用大致有两个，对于企业、商家而言，可以向外界展示企业文化、品牌价值，传递产品信息、促销活动信息，获取潜在客户资源等；对于消费者而言，通过二维码可以了解更详细的信息，进行选购、支付一键式消费。

　　二维码与移动营销的结合主要有两条路径，如图5-3所示。

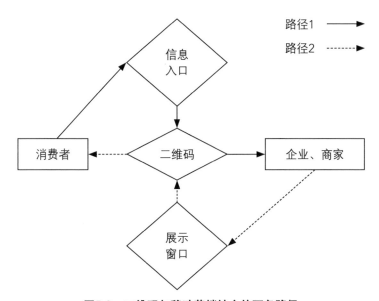

图5-3　二维码与移动营销结合的两条路径

　　那么，具体是如何结合的呢？接下来从两个路径分别说明。

（1）从消费者到企业、商家

① 查询。

消费者通过扫描二维码，可查询企业、商家发布在网上店铺、微商城、移动APP、微信中商品的所有信息，且查询记录会保留在系统内，一旦需要即可直接购买。

② 比价。

通过二维码可扫描出商品结果，速度非常快，之后便可以联网查看相关信息，如简介、评论和网上售价等，也可以先收藏，再分别在比价记录和浏览记录中查看。

③ 打折。

用户可以通过扫描手机二维码，在移动互联网上实时查看企业或商家发起的促销活动等信息，领取优惠券、打折券等，并直接用于消费中。

④ 支付。

当消费者经过查询、比对之后，就会购买中意的商品，这时通过二维码即可直接支付，无论是支付宝支付、微信支付，还是其他线上支付手段，都可以通过扫描二维码直接支付。

（2）从企业、商家到消费者

① 获取新用户。

二维码是企业、商家获取用户最主要的途径之一，只要用户扫描了企业、商家的二维码，其信息就被储存起来了，企业或商家通过后台就可以获取这些信息。

以往，我们获取客户的方式大都是通过电话、发邮件等，但这种做法成本高、效率低、不方便，更重要的是不一定能获取到用户的准确信息。有了二维码后，这个问题就得到了完美解决。通过二维码，还可以延伸推广渠道，随时随地推广，争取用户。

现在很多企业都在尝试这样做，将二维码印到包装盒、名片、宣传单、户外广告上等。有的将二维码进一步细分，如微信公众号二维码、移动APP二维码、表单系统二维码、会员系统二维码，从而得到更精准的用户。

②维护、管理已有的用户。

对已有的用户进行维护和管理，是增加用户黏性、提升复购率的利器。利用二维码与后台联动，可以进行数据库收集与营销。当收集和积累的会员信息达到一定数量之后，再经过分析筛选，有针对性地使用电子邮件、短信、电话、信件等方式进行客户深度挖掘与关系维护。同时，也与消费者建立一对一的互动沟通关系，建立全新的传播渠道和促销手段，搭建与新的用户沟通的桥梁，进而提升服务水平和品牌形象。

③进行活动促销。

促销活动，历来都是企业、商家进行营销惯用的手段。二维码的出现，大大延伸了活动的范围，增加了活动的互动性。如有的企业会做出一个手机版的抽奖程序，然后将活动二维码印在广告上、宣传单上，用户只需扫描二维码，就可以随时随地参与抽奖。

除了活动外，二维码还可以与优惠券结合。这种二维码优惠券与传统纸质优惠券相比，有成本低、便于保存、使用方便、安全环保等特点；相对于传统电子优惠券来说，能有效控制优惠券发布数量、不可重复使用，从而真正发挥出了优惠券本身的促销作用。而商家在电子优惠券被使用后，能保留有效相关凭证，有利于查账和核对。最重要的是二维码可以实现线上、线下商家以及手机端用户的相互带动。同时还可以引导用户将活动、优惠券信息等转发至微博、朋友圈等，实现二次营销。

④广告互动。

传统广告在互动上大都是单方面的，用户基本上是被动接受。而与二维码结合后，广告可以增加双向的互动方式，让广告变得有声有色、活灵活现。如企业在杂志、报纸、广告牌等广告上面植入二维码，用户看完广告后想了解更多信息或享受更多服务，就可以直接扫描二维码跳转到企业网站或微信公众号中。

这是一种比较"简单"的互动方法，如果再深入一点，可以为用户呈现更深层的互动，包括文字、图片、视频、动画等。或者更个性化一点，如录一段趣味性、互动性强的讲解视频，再配有各种动画效果。甚至可以再设置些互动的操作，用户扫描完二维码后，手机中就会出现一个讲解员一对一地进行讲解，用户可与讲解员一问一答，这就相当于一个"虚拟业务员"，能够24小时随时随地与用户互动、进行讲解。

⑤**进行数据分析。**

现代企业越来越注重数据的重要性，尤其是随着互联网的发展，获取数据变得更加容易，这预示着大数据时代已经来临。以往，企业想获取更多的用户数据，是比较困难的一件事，而且还需投入很大的成本、时间和精力。而通过二维码，企业则可以快速收集用户数据，如来源、关注点、反馈意见、使用体验等，实现对营销过程中渠道效果、兴趣所向、时间分布、客户满意度等数据分析，从而实现营销效果的量化。

利用二维码搜集数据的具体方式主要有两种。第一种方式，针对不同的产品、不同的销售区域、不同的销售地点、不同的活动主题，设置不同的二维码，这样就能快速了解相关的信息。例如，如果一家企业的产品销售渠道主要是全国商超，那理想状态下，其可以在供货时，在供应给每一家商超的产品上都贴上专属二维码。这样就能快速知道不同产品的销售情况，以及在全国各个超市的销售数据。

第二种方式是通过二维码做用户调查。以往企业做用户调查，要么走上街头发放调查问卷，要么与相关的媒体合作，要么找专业的数据调研公司。而现在有了二维码后，企业可以在产品的包装、说明书等地方设置一个有奖调查的二维码。这样不但节省了成本，而且可以确保调查效果，保证所得数据的真实性、有效性。

5.2.3 二维码的设计方法和技巧

二维码，单纯以黑白相间的方格出现，吸引力非常有限，为了能够吸引更多用户扫一扫，以达到更好的营销效果，还需要在二维码的设计、内容及体验上多加创意。创意本身才是最难能可贵的，越有创意越容易激发消费者的关注欲望。

（1）设计要新颖

随着二维码被广泛用于市场营销，智能手机用户可以通过识别码访问网站与互动广告，于是二维码也开始接受"整容"，实现了美丽大变身。除了我们常见的黑白格子外，如今已经出现了多种形式的二维码，在颜色、形态上都出现了很多创新。如中国结二维码、万马奔腾中的二维码、苹果二维码等，这些奇特的二维码造型更容易吸引关注，如图5-4所示。

图5-4 不同形态的二维码

（2）融入企业文化，体现企业价值

从创新的角度看，仅将二维码变成彩色、换个形状或加个图形这样简单的变化是远远不够的。真正的创意是将企业文化与二维码融合，使二维码成为有灵魂的艺术品，体现品牌价值，彰显企业实力。

如今，二维码可以实现特殊定制，根据企业需求做得更有个性。如与LOGO、产品元素等相结合。很多企业的二维码都很有创意，具有专属辨识度，吸引了很多消费者的关注。

美国《时代》杂志将二维码与各种标志性的图案相结合，获得了不同的视觉感受；国旭网络将施华洛婚纱的品牌名称和婚礼元素融入二维码，获得绮丽浪漫的效果。日本东京的某酒吧举办了名叫"只有一杯鸡尾酒"的促销活动，商家非常有创意地在鸡尾酒杯中放入了二维码，当杯中有酒水时二维码看起来似乎就好像漂浮了起来，且可供用户扫描。这样新奇的二维码吸引了很多关注，如图5-5所示。

图5-5 鸡尾酒杯中的二维码

（3）增强吸引力，激发大众扫描的欲望

互动性的户外广告现在越来越流行，而结合手机终端、QR二维码技术的互动创意开始逐渐变多，因其可以激起消费者的好奇心，让消费者拿起手机互动。这类创意的主旨在于激发了人们迫切希望了解背后秘密的欲望。

乐购（Tesco）超市在地铁上开起了虚拟超市，如图5-6所示，并配上二维码，路过的人只要扫一扫二维码就可以进入线上超市，进行选购。那么，乐购是

图5-6　Tesco在地铁上的二维码虚拟超市

通过什么激发路人扫描的呢？其实就是一张张栩栩如生的图片，看到图片就想走进超市，触手可及。而且乐购还打出了送货上门的服务宣传，只要下单，就直接送货到家。

天猫举办过一次T恤节，用户只要扫一扫二维码便可关注其公众号。为了吸引粉丝，天猫在用户体验上、互动上进行了创新。当用户关注后，天猫微信公众号会主动推送与活动主题相关的互动内容："晒tee""看tee""玩tee"。这些内容分别对应A、B、C字母。用户回复不同的字母，即有不同的体验。

通过别致的体验，天猫微信成了交易的平台，形成了一个从线上到线下再回到线上的O2O闭环，完美实现了对O2O模式的全新尝试。

5.2.4　二维码的使用方法与技巧

使用二维码促进营销，除了要懂得运用方法和技巧外，还应注意些细节。这些看似不起眼的细节，往往才是决定着能否吸引用户扫描的关键。这些细节包括：

（1）必要时对二维码做辅助性的介绍

一般情况下用户在不确定二维码是否安全、内容是否有价值时，不会主动去扫描，这大大降低了扫描率。二维码与URL的推广方式一样，在向用户推荐或引导对方扫描时，最好在旁边附上必要的信息介绍，说明二维码的基本情况，如关键信息是什么，扫描能有什么收获等。

如现在很多人喜欢在名片上放置二维码，但很少单放一个二维码的，而是会旁注必要的文字说明，这些说明往往都是关键信息，有助于用户更好地了解此二维码的用途所在。示例如图5-7所示。

图5-7 某二维码名片上的文字介绍

（2）设置丰富的内容

二维码虽然是虚拟的，但就内容而言与实体要求是一样的，必须有价值，符合用户的需求。用户之所以会主动扫描二维码，是因为广告传单上面有他感兴趣的内容，进而想要了解更多。因此，在植入二维码内容时，需要多花些心思，尽量让内容翔实、丰富、有价值。

在化妆品行业里，聚美优品是一个以年轻人为主要购买群体的品牌。那么，聚美优品是如何做二维码的呢？主要有三个步骤：收集用户的意见；做好分析，进行产品分类；按照不同的分类，向用户发送相应的内容。

聚美优品会及时收集用户的反馈意见，并安排专人进行回复。同时，根据用户的反馈意见，进一步优化购买流程。这都使得聚美优品的二维码营销质量大大提升，新用户也更愿意扫描其二维码。

（3）确保二维码能真正被识别

很多企业在做二维码推广时，都会铺天盖地地放到所能放的地方，这样做看似很好，实际上却忽略了一个重要的问题：用户无法扫描。有些地方，二维码是无法被很好地识别的。比如，比较高的户外广告牌、电视，或者网络信号不太好的地方等。为什么无法识别，这与二维码的"解析度"有关。

"解析度"决定了二维码的显现效果，印刷在不同媒介上，显现效果也是不同的。例如，在户外广告牌上印二维码，比在纸质小传单上印刷解析度要低很多，如果不经过适当的调整，很有可能无法扫描。

5.3 LBS：实现地理位置的共享

5.3.1 LBS助力营销实现精准定位

LBS技术催生新的营销方式，即LBS营销，它是借助互联网或无线网络，在固定用户或移动用户之间，完成定位和服务销售的一种营销方式。通过签到的方式，它可以让目标用户更加深刻地了解企业的产品和服务，最终达到宣传企业品牌、加深市场认知度的目的。

LBS在与电商企业营销结合后，展现出了巨大的优势，便捷、精准的定位为企业提供了更多高质量的私域流量，尤其是位置信息的获取这项服务，解决了流量中长期存在的一个问题：需求不对称。

供求不对称是制约企业私域流量池打造的一个重要问题，传统交易模式中，服务的供给和需求往往是不匹配的，这种不匹配在生活中比比皆是：比如行人打车打不到，几百米外却有出租车空载；一边是游客找不到旅店住宿，拐过几个路口可能就有旅店客房空置。这种信息的不对称造成了交易无法实现，有了LBS后，基于特定时间、特定地点的信息和服务的推送打破了传统交易方式，企业的产品或服务可以很快到达目标客户那儿；同样，用户也可以轻松获得自己想得到的消费信息，只要有需求后，就会自动搜索到相应的产品或服务。

如 "LBS+" 模式的践行，人人网、陌陌利用的是 "LBS+SNS"；嘀咕、街旁、大众点评等利用的是 "LBS+电子商务"。LBS的快速发展极大地带动了SNS网站向移动互联终端迅速迁徙，这是LBS在我国得以发展的第一步。

例如，人人网（renren.com）在2009年11月初推出了LBS "人人报到" 功能。基于人人网庞大的用户群和用户之间已经形成的真实身份的社交关系是最为重要的因素。"人人报到" 提供一种全新的沟通途径，用户更愿意向真实身份的好友分享自己的空间位置，这才是LBS的意义所在。

LBS+电子商务，可以帮助电商企业在搜索和推荐方面利用用户的个性化信息提高搜索结果或推荐的精准度。LBS永远是围绕着位置展开的，传统的营销通常是通过帮助电商企业提升品牌形象、服务质量，间接吸引消费者关注产品。而LBS定位式的营销则可以帮助电商企业或商家更精准地找到消费人群，大大提高了推广的效率和准确性。

基于LBS+电子商务模式的应用主要有三类：一是团购和本地化服务网站将PC端的服务延伸到手机客户端；二是基于LBS做O2O优惠券产品；三是搭建平台型企业，利用平台连接商家、团购等第三方公司和用户。其中第三种平台型企业成为了主流，在LBS+电子商务模式中逐渐发展了起来。

位置共享是LBS商业价值的重大体现，但问题也很多，提供LBS服务的企业虽然数量众多，但普遍还处在发展初期，并没有哪个应用拥有绝对优势。另外，各个应用之间用户重合度很小，受众相对来说就很分散，LBS的闭环也没有真正形成。LBS还有很多的潜力可挖掘，如果想要充分利用起来，就需要善于创新和整合，形成一个更广泛的渠道。

5.3.2 认识LBS和LBS的商业价值

LBS全称location based services，是一项基于位置的服务，最早由美国明星互联网企业Foursquare发明。该服务的核心是 "位置定位和共享"，是基于移动通信网络、卫星定位系统、移动设备而形成的一种信息增值服务。通过对位置的定位，获取位置信息，从而实现为用户提供更精准的产品或服务供应。

通信网络、卫星定位系统、移动设备、服务和内容供应商是LBS的主要组成部分。也就是说，一项完整的LBS必须具备4个部分，相互之间的关系如图5-8所示。

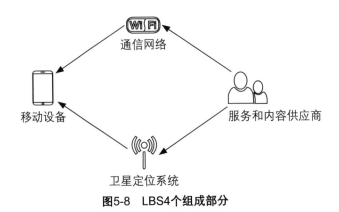

图5-8 LBS4个组成部分

LBS对私域流量的商业价值在于解决3个问题，分别为在哪里(空间信息)、和谁在一起(社会信息)、附近有什么资源(信息查询)，如图5-9所示。

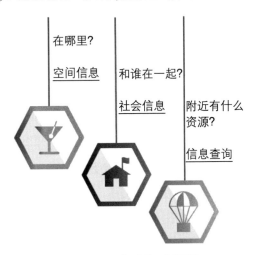

图5-9 LBS解决的3个问题

简单来说，LBS就是让大众知道自己在哪儿，身边都有哪些感兴趣的人、感兴趣的事以及正在发生什么等。

LBS具有多方面的价值，首先是技术领域，位置共享、地理围栏、移动支付、大数据处理等相关领域，使得LBS应用场景越来越大。然而，LBS的未来不会局限在技术领域，更重要的应用是在商业领域。较之技术领域LBS的商业价值更大，可以将人、物、位置、信息进行重构，通过技术分析深度剖析用户需求，并通过商业要素的重组和技术手段满足用户的需求。

随着LBS的普及，越来越多的电商企业开始关注LBS在商业领域的运用，并不断创新商业模式，加快了LBS与移动互联网的接轨进程，催生了新的流量聚合方式，使市场需求更加趋于平衡，提升了销量，也提升了用户忠诚度。

LBS的核心是实现了资源分享与互换，企业与平台之间、平台与用户之间资源的优化配置，使得各方的利益都实现了最大化。三者之间的关系如图5-10所示。

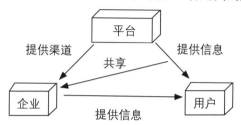

图5-10　用户–平台–企业（商家）的互动示意图

企业、平台、用户三者既是资源的创造者又是消耗者。平台为企业提供了LBS精准渠道，企业通过该渠道发布产品信息、优惠信息等，如团购移动APP以及各区垂直移动APP等都聚集着大量优质的、本地化的信息，这些信息通过平台可实现更精准的传播。用户是企业和平台的桥梁，一方面通过LBS从平台获取信息，进行合理消费，另一方面为企业进行信息反馈，促使企业自我完善。至此用户→平台→企业便形成了一个良性循环。

如很多移动APP、微网站都是通过LBS的"位置定位"构建了自己的商业生态圈。

美国密尔沃基一家餐厅经常通过手机定位发起本地食客大聚会，并积极鼓励食客参与。假如有50个人参加，每个人都可以拿到一个蜂群徽章(swarm badge)，凭徽章可以以优惠价吃大餐。这样的消息一发出每次都有超过2～3倍的人参加，一次相当于往日3天的流量。

无独有偶，SCVNGR游戏公司也有一个利用LBS进行营销的案例。SCVNGR新推出的LevelUp平台是一个基于地理位置的游戏，它将LBS引入到了游戏优惠活动中，规定特定领域的用户升级越多，就可以越早拥有新"级别"，从而获得更好的优惠和游戏体验。

签到是LBS应用最核心的运营机制，只要用户签到就有机会赢取一枚特殊的徽章，这也是企业营销与LBS结合最多的一种方式。上面两个案例都是这种方式，利用用户赢取徽章的动力，吸引用户参与，以增加企业或品牌的曝光度，树立企业或品牌在用户心目中的形象。国外如此，国内也有类似的模式。

大众汽车在上海车展特别制作了一款手机APP，是基于LBS位置服务的。车展期间，上海、苏州、杭州三个城市的用户可收集虚拟徽章，免费获得上海车展门票，并且有机会获得限量版大众汽车车模。

冒泡网规定凡是网内用户，即可利用冒泡网的地理位置服务(LBS)方式，在北京主要公交站点和北京各地铁站等站牌广告位置使用手机"签到"，活动推出当日即吸纳了上万人参与。

5.3.3 LBS在移动端的运用

随着LBS技术在电商企业中的不断深入、不断创新，用户对位置服务的认知也日益增强，LBS将会成为企业打造私域流量中不可缺少的一部分。那么，这些运用体现在哪些方面呢？具体如下：

（1）**导航类**

如百度地图、苹果地图、Google地图等。

利用LBS人们可以随时通过电子地图的定位轻松找到自己想要去的地方，查询交通路线、周围的餐馆和商铺，出门在外也不用再担心迷路、找不到地方了。

Google地图是利用LBS技术开发的提供地图搜索服务的移动APP，拥有导航功能、实时公交到站信息功能、优化路线算法功能、实时路况功能，如图5-11所

图5-11　Google地图

示。可提供丰富的周边生活信息，自动定位团购、优惠信息，查找外卖，为用户呈现丰富的商家信息。

在LBS移动互联网生态圈中，地图可以为O2O、SNS等所有应用接入API，显然这已成为最具平台和入口性质的一个环节，可以为企业提供LBS解决方案。

（2）生活服务类

很多人都有过这样的体验，每次去到一个陌生的地方时，吃饭、住店都成了最大问题，而自从有了LBS式的移动APP之后这些问题就都迎刃而解了。因此，生活服务领域也成为了LBS式移动APP进军的主要领域，比如，餐饮、酒店、银行、电影院、停车场等，以百度地图为例，如图5-12所示。

图5-12 百度地图生活信息服务

（3）GPS定位类

GPS定位服务常见于运动类的、物流类的和车联网等相关项目中，以暴走族计步器为例，如图5-13所示。这是一款提高运动效果的工具类移动APP，通过高灵敏的重力传感器可以自动感应用户的行走或跑动次数，还可以实时显示多项数据。

图5-13 暴走族计步器显示的多项数据

（4）出行类

现在出行也实现了移动互联网化，如掌上公交、熊猫公交等，如图5-14所示。掌上公交是一款手机公交查询软件，支持路线查询、站点查询、到站查询。它可以查询全国300多个地级市的公交路线，所有支持java的手机均可使用。熊猫公交是一款可以查询"公交在哪儿"的掌上软件。目前支持全国20余个城市的实时公交查询和300多个城市的公交信息查询。

图5-14　掌上公交、熊猫公交出行类移动APP

（5）购物类

为了方便用户进行消费，很多购物类电商与LBS结合，当用户打开APP后，即可搜索到相应的位置。如窝窝团、美团、拉手、团800等，都是如此。以窝窝团为例，如图5-15所示。

图5-15　窝窝团团购移动APP

（6）社交类

随着网络交友平台的崛起，社交类电商也越来越多，与团购类电商一样，为了增强用户的体验。很多社交类电商也运用了LBS技术，搜索到的好友都会显示出明确的位置。以兜兜友为例，其定位是一个婚恋交友平台，这是一款全新的手机移动社交应用。不仅具有聊天、发布动态、邂逅陌生人等大多数社交软件的功能，还独家推出了"非诚勿扰"现场交友功能，这一新功能给用户带来了全新的体验。

5.4　O2O：构建线上线下的完美闭环

5.4.1　O2O：链接线上线下的桥梁

O2O全称online to offline，即线上线下，这一概念最早由TrialPay CEO和创始人Alex Rampell于2010年8月7日提出，2012年10月31日正式传入中国，随即广泛运用于各行各业。

O2O将线下商务机会与互联网结合在一起，让互联网成为了线下交易的前台。线下服务就可以转移到线上，消费者可以在线上筛选服务，同时也可以在线结算。O2O是链接线上线下的主要桥梁，线下是指地面实体店，线上则主要就是指PC端和移动端。

它的出现极大地改变了人们的生活习惯，同时也延伸出更多的营销方式、商业模式。其核心就是通过一系列的营销手段，如打折、促销、服务预订等，将线上的消费者引流到线下的实体店，消费者在线上购买线下的商品和服务，再到线下去消费体验，如图5-16所示。

按照O2O的商业定位，它不仅是一种营销方式，更是一种模式创新，只不过就目前而言，很多企业对其应用还远未上升到模式的高度。因此，很多人就对O2O形成了一种误解，认为O2O无非就是一种卖东西的手段。那么，我们该如何正确理解O2O这种新模式呢？

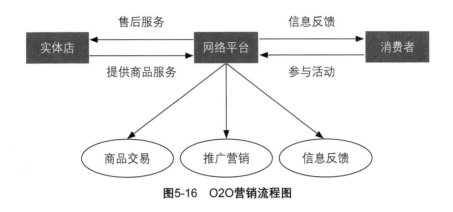

图5-16 O2O营销流程图

O2O在应用上大致可分为三个层次：

第一个层次：销售手段，如在线上团购电影票、团购餐饮消费券等，这是O2O的最初级形态，属于电子商务的范畴。

第二个层次：推广营销，即把O2O作为一种推广引流的方法，如商家在网络实体店的代金券、打折卡，然后吸引用户到店消费。

第三个层次：商业模式，如果围绕O2O深度策划出一种新的商业表现形式，那它就是商业模式。如尚品宅配旗下的新居网，是一个销售家具的网络商城，此商城也是典型的O2O，但是这个商城不是单单地在线上吸引用户到店消费，或是在线卖家具，它们是将线上线下深度融合，创造出了一种包括移动支付、线上体验在内的全新商业模式。

O2O应用的三个层面，最初级是卖东西，更深入点的是营销推广，最高级是通过O2O创造一种全新的、线上线下的全闭环生态商业环境。

O2O的最大优势是将线上和线下完美结合到一起。借助移动互联网打破了传统的时间、空间限制，可以随时随地下单，给客户多种选择、多种体验，让消费者时时感受到生活的便捷、极致的服务。

5.4.2 O2O闭环的4种模式

O2O现在很多企业都在做，但效果并不好，这就是因为O2O模式是个总称，在与具体运用结合后会衍生出不同的表现形式。如果不深入了解，根据行业、企业的实际情况具体研究，很容易出现偏差。O2O的表现形式具体可分为4种，如

图5-17所示。下面将一一进行介绍。

图5-17　O2O的4种表现形式

（1）online to offline（线上消费→线下体验）

这种模式从字面上理解是从线上到线下，这是O2O应用最多的一种模式，也是Alex Rampell（O2O提出人）对O2O的最初定义。即将线上平台作为线下交易的入口，消费者在线上支付之后，在线下体验，如我们常见的餐饮、电影等团购类网站，线上购买线下体验，旅游酒店类网站，也是线上预订线下入住。

目前这种模式，是O2O领域中应用最为广泛的，在旅游、房产、餐饮、家具等领域都有它的影子。如携程，是O2O的先驱，在O2O模式还没有被提出前就已经在做类似的业务了。

携程网成立于1999年，率先将互联网与传统旅游业成功结合，形成新的商业模式。通过线上向5000余万注册会员提供包括酒店预订、机票预订、行程预订、商旅管理、高铁代购以及旅游资讯在内的全方位旅行服务。

除了携程模式外，在线旅游领域也对此模式进行了深化。如2011年12月初成立的途家网就是践行者。在成立之初，便采用了O2O模式。它将很多旅游城市中普通业主手里闲置的高端公寓、别墅资源整合起来，然后通过自己的线上平台提供给旅游的游客租住。同时，平台会提供这些公寓、别墅的在线查询和预订服务，并在预定期限内入住。

这类O2O模式的优势是可汇聚大量有消费需求的线下消费者，诱导线下消费者进行线上消费，十分适合消费类网站、社交类网站等场景。

（2）offline to online（线下消费→线上体验）

即线下到线上，这种模式被广泛应用在一些正在寻求互联网化的传统实体企业。由于这些企业大部分线下市场已经趋于饱和，迫于互联网发展的形势必须要打开线上市场，将线下优势引流到线上。运用这一模式最成功的非百丽淘秀网莫属。

百丽是中国最大的女性服装、鞋包的零售商，核心品牌"Belle百丽"更是连续十多年位居销售前列。百丽在全国很多大商场里都设有专柜，拥有上万家自营零售店。同时，百丽也在利用官网、公众号等努力为消费者打造线上体验平台，消费者通过这些平台可看到实体店在当地的分布情况，最新款的服装、打折活动等信息，如图5-18所示。

图5-18 百丽公众号所显示的信息

这一尝试不仅能够帮助企业快速方便地搭建自己的电子商务平台，在管理、分销等各方面都能够自然成型，更全面深入地利用网络为企业服务，拓宽了销售渠道，为消费者提供了更便捷的服务。

从线下转线上看起来非常简单，其实风险很大，因为线下市场与线上市场完全是两个不同的领域。很多传统企业在线下如鱼得水，在线上则寸步难行，尽管也花费了大量资金建立自己的电子商务平台，甚至与大型平台进行合作，但效果并不好。

（3）offline to online to offline（线下营销→线上体验→线下交易）

这种模式运用得比较少，适合于一些在线上不太好做的行业，如家具。因为家具不是在网上放几张产品图片就可以马上成交的，必须让消费者充分体验，看得见、摸得着，才容易产生信任。

然而，很多实体家具店也面临着占地较大、成本比较高的困惑，就算店再大，也不可能把所有家具都展示出来。因此，向线上转移已是未来的必然趋势，且因为就像刚刚说的，家具产品必须做体验式销售，用户在没有体验过产品的情况下是轻易不会成交的。随着互联网智能技术的发展，线上可能会给予更好的体验。

所以，家具行业都在尝试着走O2O模式，且是一种特殊的模式，也就是我们所说的offline to online to offline，线下营销→线上体验→线下交易。我们来逐步解释一下：

首先让消费者在线下了解企业，了解产品。然后通过线上为消费者提供便捷服务，如享受折扣、优惠政策，方便消费者搜索、对比等，以使客户利益最大化，或维护买卖双方的关系，最后再引导消费者线下消费、体验，达成最终的交易。

我们之前提到过一个案例尚品宅配，这是一个线下实体店，但他们同时开通了官方网上商城——新居网。该商城作用是什么呢？既不是卖家具，也不是简单地客户引流，而是服务与体验，它是一个个性化的家具定制平台，采用的是O2O模式，用户通过线上对家具进行初步了解，并可根据需求或自己喜欢的样式来组合进行定制，如图5-19所示。

图5-19　尚品宅配的官方网上商城

然后再到线下体验店进行验证与购买，线下服务人员会对用户进行服务指导。针对某些特殊家具，还采用了先进的虚拟现实技术，给消费者提供了更真实的体验。

新居网主打的是个性化定制，符合了当今人们追求时尚的需求，通过线下营销，线上体验，再到线下交易的模式，真正将互联网的优势与家具行业进行融合。其实，这类模式走的也是电商模式，但又与阿里巴巴、京东这类有所区别。与前2种模式比起来，这种模式实施起来难度较大。实践中有很多企业也开始进行这方面的尝试，但效果不明显，如机场、高铁站人流量较大的地方活跃着一大批地推工作人员，他们会拿着网络终端设备，面对面地邀请旅客注册，在现场教用户使用某APP、网站等。用户注册成功后，便可以直接到线上进行在线体验，体验后又会引导其到线下交易。

如一些服务性的企业，连锁酒店、美容美发等，它们经常在街头派发传单，派发时告诉用户只要在线注册成为会员，即可享受什么什么优惠等，同时以后在线预订都可以享受会员价，实际上所有交易都需要到实体店进行。

（4）online to offline to online（**线上体验→线下验证→再到线上**）

此模式是O2O的高级模式，运用还不多，尤其是企业、商家并不愿意看到。以服装业为例，很多年轻人现在的购物习惯都是在线上看好某件或某些品牌服装后，到线下专卖店试穿体验，若满意，再到线上购买成交，这种购买行为也正好契合了online to offline to online模式。

当然，这种现象是商家不愿意看到的，但有句话说得好，存在即合理。既然确实存在，那么刻意避免和阻止就不如顺应，围绕线下体验打造一个属于自己的O2O系统。反观这一模式在电脑、手机、VR等电子产品领域却做得不错，苹果、三星、小米等线下体验店比比皆是，很多都是只体验不售卖。

以上这4种模式就是目前O2O的4种形态，前两者属于初级形态，后两种属于高级形态，目前应用的案例还不多，更多的还是在尝试阶段。总之，不管什么样的理论、模式，都是工具，都是为客户服务的，最终目的都是为了更好地实现目标。因此，在实际运用中也不必被这些条条框框的模式所束缚，不要一味地套系统或模式，模式不重要，重要的是实现最终的目标。

第 **6** 章

短视频私域：
以社交黏合用户

随着短视频发展进入成熟期，短视频
行业的用户趋于稳定，而私域流量本质就
是做用户关系和稳定性。因此，围绕短视
频来做私域，是品牌和商家应该考虑的一
个重要方向。

6.1 四步法：将"弱关系"打造成"强关系"

6.1.1 引流：将公域流量引流到自己的流量池

自从2018年以来，短视频逐步成为互联网行业的流量担当，据悉在2018年移动互联网总使用时长增量中，短视频占了33.1%，至2021年12月，这一数据已经增长至近50%。因此，电商企业要善于打造自己的短视频矩阵，以此来实现引流，将公域流量吸引到自己的流量池中。

那么，应该如何具体地操作呢？可以参考4种方法，如图6-1所示。

图6-1 短视频增粉和引流的方式

（1）添加文章链接

添加文章链接是指在视频文案中直接添加文章链接。这类账号以抖音、短视频最具有代表性，如图6-2中就是短视频上的文章链接。

需要注意的是在短视频上添加文章链接这一做法限制性比较大，仅限于同一体系内。例如，短视频上能添加微信公众号文章链接，是因为短视频、公众号同属于腾讯系产品；抖音能添加今日头条文章链接，是因为抖音、今日头条同属于字节跳动系产品。

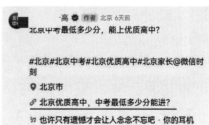

图6-2 短视频上的文章链接

（2）插入#话题

插入#话题是短视频引流的一种非常重要的方式，由于话题本身具有讨论性、关注度，尤其是热门话题更容易被关注，引发群体传播效应。

每天都会产生大量热门话题、超级话题，视频如果与这些话题挂钩，粉丝在点击该话题的时候就会看到相应的视频。这样，将会引流更多喜欢该话题的粉丝观看视频，视频曝光率也将会增加。

一般来讲，话题添加在短视频文案中，视频文案处常设有"#话题"的字眼，如图6-3所示。

图6-3　短视频上的话题引流

（3）@其他账号

@其他账号是指在发布视频时@自己的、同行的以及官方账号。这样的好处是两个号之间可以实现互推，假设你有两个短视频账号，分别为A、B，A在发布视频时@B，那么A和B就可以实现互推。假如A号上了热门，自然会引流到B号的视频上去，如图6-4所示。

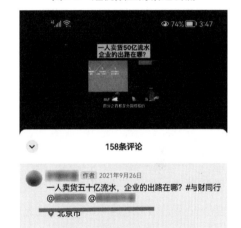

图6-4　短视频上的账号互推

这也是账号间的一种互推形式，不过运用时要注意技巧，否则，不但达不到预期，反而会适得其反。也就是说，账号内容要有相似性或互补性。比如，音乐类账号与影视剪辑类账号、萌宠类账号与动物爱好者账号之间，互推效果会好得多。

（4）发表评论

发表评论这种引流方式可以说是"喜忧参半"，喜的是成本低，可以持续去做；忧的是不够精准，无法确认哪些是有需求的粉丝，哪些是没需求的粉丝。因此只能先吸引过来之后，再慢慢鉴别、转化。

同时，评论前尽量找准有需求的人，提高评论的质量，获得博主和大多数人的赞。在短视频里，一条评论获得的赞越多，排位越高越靠前。当你的评论排在第一位时，就会随同附在视频的下面，这样的评论可以说是热门评论，在引流方面是相当强的，如图6-5中的就是一个典型案例。

做了一个钟院士，您辛苦了。比着照片制作，定做请加微💜

济宁市 📍   ：妈耶，我在怀疑我袖子里的不是手😂

评论(121)   3016 ♡ •••

图6-5 短视频评论引流

值得一提的是，必要时可以将自己微信名、短视频附在要推广的产品信息中，或发在评论区。这样，当粉丝看到产品信息和评论后，也便于主动联系。

6.1.2 互动：强化粉丝黏性，巩固私域流量

用户资源是电商企业最重要的资源，任何企业无论规模大小，实力是否雄厚，如果不重视用户，那么很快就会失去发展动力。在短视频私域流量打造上，这一点仍然很重要，必须重视起来。

支撑短视频生存与发展的就是粉丝，没有粉丝，视频拍得再好也没人看，更无法变现。那么，如何维护粉丝关系，强化粉丝黏性呢？那就是多互动，想尽一切办法营造互动的氛围，与粉丝充分互动。

（1）通过内容细分打造社交圈

现如今短视频平台的内容越来越丰富，而且有很多细分领域。每个细分领域都聚集着一大批有着共同兴趣、爱好的人，而这些人无形中就形成了一个个圈子，因此，可以这样说，每个细分领域就是一个社交圈。

比如美食，作为短视频平台上非常重要的一大类内容，从参与者角度分就有多个细分，如厨师、美食爱好者、餐饮经营者、美食品鉴官等。有的美食爱好者仅仅利用一道家常菜，就能吸引一大批粉丝。

任何群体都有特定需求，就像对于美食爱好者，吃仅仅是表面现象，通过吃享受交流的乐趣、感受才是最重要的。

（2）通过评论留言增加互动频率

频繁与粉丝互动，最简单的操作就是及时回复粉丝的评论或留言，如果没时间一一回复，也可以做统一回复，并置顶。

也可以引导粉丝在评论区自行展开讨论，比如，"觉得今天的内容对你有用的话，欢迎在评论区留言"。

其实，无论选择哪种方式，最终目的只有一个，那就是引导用户在评论区互动，增加粉丝与粉丝的活跃度。

做短视频私域流量的本质是搞好与粉丝的关系，关系好了自然就有了销量。从现代营销发展趋势来看，卖东西不能再直接吆喝，而是需要谈感情、拉关系。更何况现在是一个用户至上的时代，用户买的不仅是产品还有情感。从这个角度看，电商企业做私域流量必须回归社交，将短视频定位为一个社交互动平台，打造企业与用户交流的基地，让每个粉丝都有畅所欲言，表达自己的观点、看法和想法的机会。

6.1.3　内容：通过相关知识提高产品转化率

做短视频私域流量，首先要做好内容，促进人与人之间的信息交互、交流。因此，在定位短视频时千万不可将其单纯地当作一个产品的售卖、推广平台，而是供用户学习、交流的平台，满足粉丝对信息获取的需求。在满足用户信息需求的前提下，间接地推广产品，带动消费。

例如，做美甲的商家核心是提供美甲服务，但在短视频平台上不要说服务有多好，价格有多便宜，而应该提供一些美甲小技巧。

如图6-6中就是一个专门做美甲的商家，视频内容是教粉丝如何自己做美甲，间接推销美甲工具和美甲油。

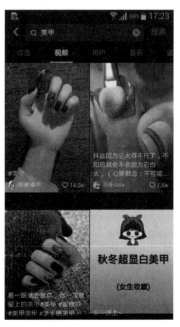

图6-6　美甲教学视频

纵观各大短视频平台，知识类内容正在成为"新宠"。原因就是以传播知识为主、产品销售为辅的这种方式，不仅能全面展示产品，还能深入地与用户交流，迎合粉丝的内心需求。

知识类内容大致可以分为6类，具体如图6-7所示。

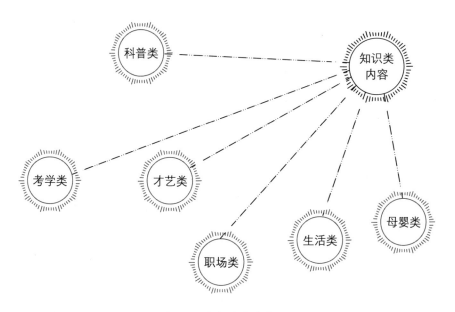

图6-7　知识类内容类型

搭建一个知识分享型平台，就是为了让大家聚在一起交流和学习。在这个过程中，主播就是组织者、粉丝的服务者。在一个组织中，或者说群体中，一名优秀的组织者、服务者，自然是焦点，万人瞩目。当所有的目光都聚集在这个点上时，这个点的品牌力、影响力自然会得到提升。

6.1.4　转化：直接在平台上销售产品

企业做短视频私域，无论引流、互动还是内容，最终目的都是为了转化，让更多消费者购买产品。然而，利用短视频展示产品不是那么简单的，不是说展示了就会收到预期效果。因为展示产品不仅要体现出产品特色、优势，关键是要让粉丝认同，让粉丝对产品有一个良好的印象。

那么，如何在短视频上直接展示产品呢？具体有4种方法，如图6-8所示。

图6-8 利用短视频来进行产品展示的方法

（1）在视频中直接介绍

产品如果是有很高的品牌知名度，或早已经被大众所熟知，是可以采用这种方法的，直接介绍产品功效、使用步骤、使用方法等即可。

（2）利用大众口碑间接介绍

产品好未必要自己说出来，还可以间接让大家知道。比如，利用大众口碑，在视频中可以拍一段消费者消费体验，或消费后的反馈视频，从侧面让其他潜在用户感知产品受欢迎程度。

（3）利用周边产品带动原产品

周边产品是指与原产品相关的产品，在交易时与原产品同时交付。周边产品类型十分多。比如，一款中国风数码产品，除了产品本身外，还可以延伸出带有中国风特色的手机壳、鼠标垫等，作为原产品的周边产品一同销售，如图6-9所示。

这类方法适用于产品与同行竞品相差不大，与竞争对手之间没有太大优势时，可以尝试从周边产品下手，这叫策划周边，侧面

#国潮#手机壳，感觉咋样？中国风产品继续打磨产出中，期待ing

◎ 合肥市

图6-9 利用周边产品带动原产品

呈现。

（4）整合资源，进行创新

产品泛滥的时代，产品同质化非常严重，很多没有特色的产品就像无根的浮萍，随波逐流，最终会被淘汰。这时就需要做好创新和整合，体现产品特色。产品特色是决定用户接受度以及用户黏度系数的重要部分，它就像一面旗帜，具有标注性，能够给人们带来凝聚力。

这也为我们在短视频平台上展示和呈现产品提供了一种思路，那就是聚焦产品特色，将产品创新和整合的过程体现出来。

例如，有很多网友自创海底捞底料，搭配新颖、味道独特，如图6-10所示。这些大众自创底料比海底捞本店推出的更受欢迎。于是，海底捞顺应大众需求，整合了众多网友的方法，推出特别版的底料套餐，大大带动了店中其他火锅底料的销量。

图6-10　短视频上的海底捞网红吃法

6.2

策划创作：打造爆款短视频的3项前提工作

6.2.1　多关注热门视频

想要创作出受大众欢迎的短视频，首先就是要多关注热门视频，从热门视频中学习做视频的风格、思路、灵感等，并对其进行分析，找出规律，结合自己独有的优点变成自己的特色。

那么，如何获取热门视频呢？最可靠的方法是分析热门视频的数据，并从数据中找到规律。大部分短视频平台都设有热门视频板块，用以集中呈现平台上某一时段内的热门视频。例如，抖音上有"抖音热榜"，通过这个榜单就可以找到24小时内的热门视频。其中又有总榜和细分榜之分，如"热点榜""娱乐榜""社会榜""同城榜"等，抖音热榜截图如图6-11所示。

抖音热榜是抖音统计了用户搜索量、关注量、浏览量、转发量、点赞量、评论量等数据后，通过算法处理推出的。粉丝可以通过榜单获得当下关注度最高的热点内容。更为重要的是，榜单对创作者来说相当于指明了创作方向，大大降低了创作者创作难度。

当然，只获取数据是不够的，关键是要对数据进行分析。在对数据进行分析时，为了更全面、更客观，需要借助工具来辅助分析。目前，短视频数据分析工具常用的有5款，具体情况如表6-1所列。

		抖音热榜	
榜	娱乐榜 社会榜 挑战榜	同城榜	

更新于：2022-06-28 17:47:31

1	80后奶爸用食材拍出电影	1130w
2	北京唯一隔离考生的高考…	989.4w
3	北京朝阳新增1名无症状	728.8w
4	那些藏在旧照片里的北京…	716.8w
5	母亲回应3个孩子2个上…	492.3w
6	官方称三考北大考生符合…	419.3w
7	王亚平为北大毕业生送…	309.2w
8	北京电动自行车销量增加	305.6w
9	考生三考北大获利200万…	302.9w
10	一起在北京露营吧	292.0w
11	北大回应学生三考北大	289.4w
12	北京26所非学历教育机构…	285.8w
13	实探陈霞华事件事发地	280.0w
14	北京朝阳通报52家防疫不…	277.6w
15	北京医疗机构不得因费用…	275.6w
16	北京海淀拆违建酒店规划…	275.4w

图6-11 抖音热榜截图

表6-1 常用短视频数据分析工具

工具名称	支持平台	主要功能	费用	适用范围
新榜抖音	抖音	排行榜	免费	公众号起家，抖音部分功能过于简单
		账号回采	收费	
飞瓜数据	抖音、快手、B站	热门素材	免费	主要解决抖音、快手带货的问题，更全，且分析维度细
		播主查找	收费	
		数据监测		
		电商分析		
卡思数据	全平台	榜单查询	免费	主要解决大品牌用户的商业投放、舆情监控和官方号运营
		电商带货	收费	
		创意洞察		
		品牌追踪		

续表

工具名称	支持平台	主要功能	费用	适用范围
短鱼儿	全平台	商品榜单	免费	以电商分析为主，免费用户可使用部分功能
		电商视频	收费	
		电商达人		
		热门店铺		
Toobigdata	抖音、快手	达人数据	收费	整体费用较低，能满足用户对数据分析的基本需求。缺点是无法查看实时数据
		视频数据		
		带货数据		

（1）新榜抖音

新榜抖音是个数据监测和分析平台，数据分析维度多，视频、音乐、话题挑战赛、神评论都可以找到，同时具有全面、丰富、持续、及时、协同等特点。

不过，该工具功能还是比较单一，仅仅能分析抖音号的数据。其中，还有个付费的数据回采功能，可以采集指定账户的自定义时间内的视频数据，不过也仅仅是采集视频本身的播放、点赞、转发、评论等数据。这个功能只是节约了手工收集的时间，实际应用场景非常有限。

（2）飞瓜数据

飞瓜数据是一款专业的短视频数据分析工具，该工具功能模块丰富，可以满足不同用户需求。

以飞瓜数据的抖音版为例，提供热门视频、热门话题、热门音乐和热门评论的选项。最快更新时间为6小时，可以查看全网热门素材。对于单个爆款视频，还可以查看粉丝数据和热词数据，帮助运营者进行分析。如果是带货视频，还有商品分析作为参考。

飞瓜数据虽然是一款功能齐全的短视频分析工具，但其缺点也很多，比如，目前仅支持抖音、快手和B站等平台；再如，由于数据分析维度较多，对使用者的能力有一定的要求。使用者个人的数据分析能力，对分析结果的影响较大。另外，就是飞瓜数据是付费的，只有部分体验功能免费。

（3）卡思数据

如果说飞瓜数据是针对中小企业或个人的工具，那卡思数据则更多是面向大品牌主或企业蓝V。仍以抖音分析为例。

通过卡思数据可以查看日榜、周榜或自定义事件的商品榜单。榜单是指抖音好物榜、商品浏览榜和带货视频榜。主要是数据，即商品价格和浏览带货数据。也可以查看带货视频和带货红人的数据。

除了日榜、周榜外还有月榜数据。其中，比较实用的是每个热销商品后面的热度分析、在售播主分析、推广视频分析和商品舆情分析。协助深度分析爆款商品特性和发展走势，提供更多的数据参考维度。

卡思数据的最大优势就是品牌追踪功能，可对大品牌主的商业投放、舆情监控和官方号运营进行指导。具体有4大功能，如表6-2所列。

表6-2　卡思数据的功能

功能	内容
品牌追踪	可以追踪关注品牌在抖音和快手上的商业投放行为（信息流、KOL、话题等）以及蓝V运营情况
品牌舆情	可以查看关注的品牌在抖音和快手上的品牌声量与用户舆情
品牌用户画像	可以查看关注品牌的用户画像，如性别、年龄和地域分布等信息
品牌官方号	可以对比多个品牌的抖音和快手的官方账户运营数据

另外，卡思数据涵盖的平台广泛，包括抖音、快手、B站、微博视频、西瓜视频、火山小视频、美拍视频和秒拍视频等。

（4）短鱼儿

短鱼儿是一款大数据驱动的直播短视频产业链服务工具，为内容生产商、品牌方、商业化公司提供内容创意库、内容数据跟踪及分析、电商效果评估、营销效果评估及综合性解决方案，帮助企业驱动业务决策。

还专门推出抖音版，为抖音用户提供抖音网红榜单、粉丝增长监测、视频数据跟踪和抖音热点分析等服务。

（5）Toobigdata

Toobigdata主要是用来查看抖音的各类榜单数据的。比起工具，更像是个综合查询平台，所以整体上的分析功能偏弱。不过，查询功能是免费的，方便使用。其中，也有个特色榜单"黑马号"可以帮助发现潜力新账号。还能够免费查看前100名热卖品，可以作为参考。

6.2.2 深入了解粉丝需求

进行短视频创作，除了追踪热门视频历史数据外，还需要精准把握粉丝的需求。只有符合粉丝需求，才能促使对方真正地关注你。在短视频平台上，了解粉丝需求的途径主要有两个，一个是内部途径，另一个是外部途径。

（1）内部途径

内部途径通常是指视频评论，爆款短视频往往会有数以万计的评论。这些评论或是发表观点，或是寻求咨询，或是主动提建议，甚至是寻求合作，很大程度上反映着评论者的需求。

粉丝之所以愿意参与评论，一定是有某种需求的，作为运营者一定要认真分析具有代表性的评论，并从中挖掘需求。对于一些爱互动的粉丝还可以深入沟通，进行私聊，以便更有针对性地了解他们的需求。

（2）外部途径

外部途径包括知乎、豆瓣、百度问答、百度指数、Group+等。这些平台可以帮助私域流量运营者更充分地了解用户的需求。

打个比方，你准备策划一个与新媒体运营有关的短视频，就可以先在知乎、百度指数等数据分析平台上搜索相关关键词，如"新媒体、运营"等，看看粉丝是否关注这个话题，关注点都有哪些。如图6-12所示。通过这些数据可以推测出粉丝对什么感兴趣，然后再确定拍摄细节。

相关词热度

相关词	搜索热度
1. 运营	
2. 新媒体管家	
3. 新媒体	
4. 电商运营	
5. 抖音运营	
6. 产品运营	
7. 微信运营	
8. 用户运营	
9. 新媒体营销	
10. 文案编辑	

图6-12　新媒体运营相关在百度指数上的热度

　　根据图6-12的显示结果可以推测出，"运营"在新媒体工作中需求最大，搜索热度最高。百度指数适合宏观方面构建大的策划思路，更加了解粉丝的需求，接下来以百度指数为例，详细介绍其用法，并思考外部分析工具是如何辅助短视频数据分析的。

　　百度指数是一款大数据趋势统计、分析工具，以百度海量网民行为数据为基础，供用户查询某个关键词在百度搜索中的使用规模、使用频率、某段时间内的变化趋势，及相关的舆情变化。帮助商家做关键词查询、受众分析、竞品追踪等。

　　百度指数包括4大类，如图6-13所示。

图6-13　百度指数中的4类数据

（1）趋势研究

　　趋势研究，是以搜索关键词为统计对象，系统、科学分析某关键词在百度中的搜索频次及其变化情况，集中反映百度用户对某个关键词的关注度。

　　趋势研究数据包含两部分，如图6-14所示。

　　指数概况分为最近7

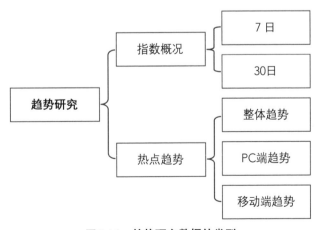

图6-14　趋势研究数据的类型

日和30日的变化情况；热点趋势包括整体趋势、PC端趋势和移动端趋势，这部分数据显示了关键词被搜索的情况和媒体指数，在实际运用中可以根据实际情况分地区进行数据统计。

（2）需求图谱

需求图谱就是针对特定关键词进行分类聚合，按照搜索用户的具体搜索需求而形成的分布图，可以用作需求者对用户具体需求的参考，是SEO人员分析用户画像的有力手段。

百度需求图谱包含的内容如图6-15所示。

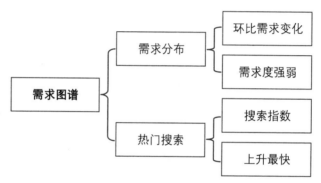

图6-15　百度需求图谱数据的类型

需求图谱包含需求分布与热门搜索两部分内容。其中环比需求变化和需求度强弱属于需求分布的内容，是指对同属一个关键词条件下与其他关键词的需求对比分析；而热门搜索中的搜索指数是指与所搜索相关词同类型的其他关键词的搜索量分析，上升最快关键词是指在一段时间内搜索量发生明显上升的关键词。

（3）人群画像

人群画像是指百度指数对关键词搜索用户属性进行的数据统计。统计对象包括性别、年龄、区域等，人群画像数据类型如图6-16所示。其精确的数据为电商企业确定目标市场提供了依据，能够帮助企业制订细分目标市场营销策略。

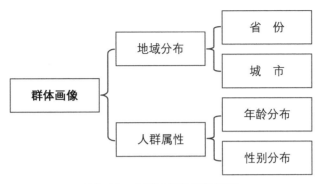

图6-16 人群画像数据的类型

（4）舆情洞察

舆情洞察是指百度指数对关键词在特定时间段内被新闻媒体报道的数据或者与关键词有关的问题、帖子的数据进行的统计。舆情洞察包括新闻检测与百度知道两部分内容，根据数据可以看到具体的某个时间点媒体对该关键词的报道消息数量。

6.2.3 深度提炼产品卖点

很多短视频如果仅从创作的角度看非常好，但如果从商业变现的角度看则不尽如人意，原因就在于它脱离了产品，或者没有提炼吸引人的产品卖点。

对品牌和产品优势、特色的提炼过程，其实就是归纳、总结产品卖点的过程，只有将产品卖点凸显出来，才能促使消费者对产品有清晰的认识，产生购买之心。因此，提炼卖点，凸显优势，就成为了短视频创作的核心，必须让粉丝在看视频后就知道为什么要选择这个产品，而不去选择别的。

清晰有力地呈现出产品的独特卖点，给粉丝强有力的购买理由。这里说的独特卖点并非一些漂亮的广告语，而是产品的独一无二之处。那么，如何提炼卖点呢？下面以一篇"茶"的策划为例。

我国的茶有很多品种，不同品种的茶有不同特色，因此在卖点的凸显上也各有不同。比如铁观音最大的特点是香，那么"香"就是其最大卖点；红茶的特点是"润"；大红袍的特点是"酽"。即使同一类茶，因产地不同卖点也可以不同。如产于福建安溪的铁观音与其他地方的铁观音是不同的。在卖点上就可以区别开来。

如果继续细分的话，同一地区的茶还可以"特色化"，比如文化传承、制作工艺等都可以成为一种卖点。安溪西坪镇铁观音被认为是最好的、最正宗的，在文化传承上优于其他地区。

总之可挖掘的卖点很多，从以上案例可以看出，尽管都是茶，但如果站在不同角度便可以提炼出多个卖点。卖点不同，产品呈现的价值也不同。所以，在提炼产品卖点上关键还是看站在哪个角度。接下来总结一下提炼卖点的角度，包括8个，如图6-17所示。

图6-17 提炼产品卖点的角度

（1）角度1：价格

价格是影响消费者决策的重要因素，以价格为卖点，很大程度能够帮助产品脱颖而出，从众多同类中杀出一条血路。如图6-18中便是某运动鞋商家拍摄的小视频，文中就明确地标明了价格。其实这个价格还是非常有优势的，是吸引粉丝的一大亮点。

需要注意的是，在采用价格卖点时，除非产品有较强的品牌知名度、美誉度优势，否则不要盲目使用。

（2）角度2：质量

产品质量永远是消费者最关心的，将产品质量作为卖点永远不过时。如果产品品牌知名度较高，那么质量绝对是第一卖点。

例如，养生堂天然维生素C，突出提取自巴西针叶林樱桃；康师傅纯净水，突出纳米级净化；华为手机

图6-18 某运动鞋商家
拍摄的小视频

突出莱卡镜头；又如蒙牛、伊利很多广告将来自大草原的优质奶源作为卖点，其实都是围绕质量展开。

（3）角度3：服务

随着消费者消费意识的转变，决定是否购买某个产品并不只是看重产品功能，还要看与之相关的服务。这里的服务包括现场服务、售后服务。视频内容中如果能在服务上挖掘出亮点，可以更长久地吸引消费者。

（4）角度4：附加值

在提供主营产品的同时，如果能比竞争对手提供更多的额外价值，粉丝就会优先选择你。比如，常见的抽奖、买赠等，如图6-19所示。

（5）角度5：情感需求

粉丝对一个品牌的认知除了物质需求因素驱使，还有情感需求因素驱使。因此，在提炼产品卖点时还可以多打情感牌，刺激粉丝内心深处的某种情感，引发情感共鸣。

如图6-20就是长安汽车抖音官方账号上的一则短视频，拍摄背景正值2021年春节前夕，回家成了大多数在外漂泊者的主旋律。然而，一边是家人的期盼，一边是繁忙的工作，回家还是继续工作，很多人不禁开始拷问灵魂，陷入了迷茫。

文案"回家？还是工作？什么才是最好的选择？"也完美地契合了视频的主题。

（6）角度6：价值共鸣

价值共鸣是提炼卖点的最高境界，产品价值如果能与某一人群的价值观相吻合，那就能真正地获得这部分人的认可，并且这种认可是长期的，发自内心的，也就是说他们是真正的铁杆粉丝，会持久地关

图6-19 某商家的买赠服务

图6-20 长安汽车抖音官方账号上的短视频

注，并消费。

在挖掘产品的价值共鸣上，一般可以从品牌的人格魅力上集中体现。品牌是有"人格"的，每个品牌都有独特的人格魅力。人格魅力是一个品牌核心价值的体现，也是区别于其他品牌的主要衡量标准。

（7）角度7：重塑认知

很多时候，行业内习以为常的产品特点和生产流程，商家都会将其默认为共识，他们并不知道，其实消费者并不知道这些。假如你能把这些展现出来，消费者一定只认可你家的产品。

（8）角度8：企业文化

每个企业都有自己独特的文化背景，企业文化已成为品牌宣传、产品销售的一个卖点，也是近年来大多数企业所重视的。

企业文化是企业的价值观、信念、处事方式等特有文化的体现。它是一种软实力的表现，在塑造品牌和产品形象上发挥着重要的作用。

6.3 视频优化：让视频内容出彩的6个小技巧

6.3.1 视频转场，将多个视频无缝对接

视频转场是视频剪辑的主要内容，是视频间的一种过渡效果。多运用于视频合并时，为避免视频间的衔接太过生硬，一般都会加上转场效果。有些视频短短的几秒钟会出现多个镜头切换，而且是无缝对接。

视频从头到尾就一个场景，不但无法展现丰富的内容，给观众的视觉感受也会很差。而要想展现多场景，就必须将多个视频串起来，然后运用转场技巧进行优化，让视频与视频之间的衔接流畅自然。

那么，转场有哪些技巧呢？常用的转场技巧有8个，具体如图6-21所示。

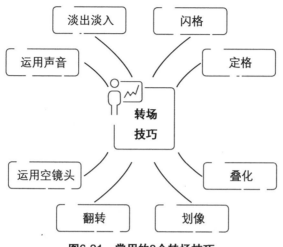

图6-21 常用的8个转场技巧

（1）淡出淡入

淡出淡入，被认为是视频间过渡最自然的一种技巧，可以很好地掩盖镜头的剪辑点。淡出是指前一个视频最后一个镜头逐渐隐去直至黑场。淡入是指一个视频第一个镜头画面逐渐显现直至正常亮度。

需要注意的是，淡出、淡入黑场或泛白时间可以根据视频情节、情绪、节奏的要求自由决定。比如，有的视频特意延长黑场时间，以给人一种间歇感。在调节淡出与淡入之间黑场或泛白时间长短上常常用到以下两个技巧。

① **缓淡**。

缓淡是一种画面的渐隐技巧，比如，放慢渐隐速度，或添加黑场等。着重表达一种情绪，比如抒情、思索、回忆等，因此，也常用于情绪表达类视频。

② **闪白**。

闪白这种技巧与缓淡相对，是一种画面渐现技巧。一般是在原素材上调高中间亮度，然后再叠化，这样画面的亮部先泛出白色，然后整个画面才显白。感觉就像光学变化，不单调，还能保持即使在最白的时候也隐约有东西可见。

（2）闪格

闪格与淡出淡入类似，但原理不同，它不是在视频原素材基础上做一个黑场和白场的过渡。而是在视频之间插入一个黑场或者白场的画面，但由于时间非常短很难注意到，画面带来的冲击感也是一闪而过的。

（3）定格

定格是指将视频画面运动的主体突然转变为静止状态的一种技巧。它可以起到强调某一主体的形象、细节、制造悬念、强调视觉冲击力的作用，多用于片尾或较大段落的结尾。

（4）叠化

叠化即重叠，即前一个视频最后的画面与后一个视频第一个画面相叠加的技巧。具体是指前一个镜头从模糊到逐渐消失，后一个镜头逐渐清晰，直到完全显现的过程。适用于镜头质量不佳时，借助叠化来冲淡镜头的缺陷，达到柔和、舒缓画面的效果。

除此之外还有以下3个特定情境会适合用到叠化，如图6-22所示。

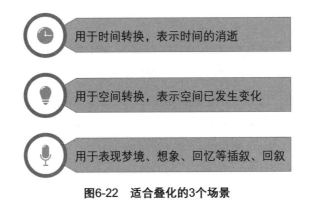

用于时间转换，表示时间的消逝

用于空间转换，表示空间已发生变化

用于表现梦境、想象、回忆等插叙、回叙

图6-22 适合叠化的3个场景

（5）划像

划像多用于两个内容意义差别较大的视频画面转换时。可分为划出与划入，划出是指前一个画面从某一方向退出屏幕，划入是指下一个画面从某一方向进入荧屏。根据画面进、出屏幕的方向不同，可分为横划、竖划、对角线划等。

（6）翻转

翻转用于对比性或对照性较强的视频画面转换时，是指以屏幕中线为轴让画面转动，前一段落为正面画面消失，而背面画面转到正面开始另一画面。

（7）运用空镜头

空镜头转场的方式在影视作品中经常可以看到，例如，当某一位英雄人物壮烈牺牲之后，经常接转苍松翠柏、高山大海等空镜头，主要是为了让观众在情绪发展到高潮之后能够回味作品的情节和意境。

值得注意的是，这种衔接方式强调的是视觉的连续性，并不是适用于任何两个镜头之间，在实践中需要注意寻找合理的转换因素和适当的造型因素。

（8）运用声音

运用声音是指用音乐、音响、解说词、对白等，与画面配合实现转场。第一种是利用声音自然过渡到下一阶段，承上启下、过渡分明、转换自然。第二种是利用声音的呼应关系来实现时空的大幅转换。第三种是利用声音的反差来加强叙事节奏以及段落区隔。

6.3.2 运镜技巧：增加视频画面多样性

运镜也叫运动镜头，顾名思义是指通过推、拉、摇等动作，让拍摄镜头发生位置变化和空间转移。巧妙运镜可以让视频画面更富有变化性，让视频主题情感更加立体化。常用的运镜技巧有8个，如图6-23所示。

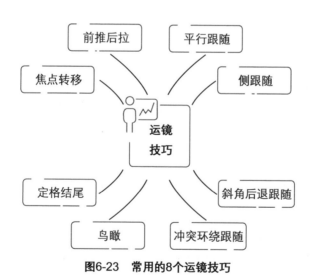

图6-23　常用的8个运镜技巧

（1）前推后拉

前推后拉是两个运镜方法，前推运镜和后拉运镜，两者是一个相对的拍摄技巧。前推是一个从整体到局部的拍摄方法，具体是指当镜头着眼于被拍摄主体时，将镜头向前推，或者拍摄者向前推稳定器，直到展示出拍摄对象的局部细节。后拉是指将镜头向后拉，或者拍摄者向后拉稳定器，直到展示出拍摄对象的背景全貌。

这是一个从整体到局部、从局部到整体的运动性拍摄方法，整个过程要求在运动中进行，而且在拍摄过程中需要将稳定器设置成全跟随模式。

（2）平行跟随

平行跟随运镜相对比较好理解，是指跟着拍摄对象，平行缓慢推进，以充分展示被拍摄主体的整体状态。这种方法更注重表现人物状态及内心活动，因此多用于拍摄人物。

需要注意的是，在运用这个运镜技巧时有个小技巧，即配合"滑动变焦"，这样更能体现人物的焦虑、紧张。

（3）侧跟随

与平行跟随相似，只不过跟随的位置发生了变化，要求跟在被拍摄主体左右推进。这种运镜方法可充分展示人物与环境的关系，适用于连续表现人物的动作、表情或细部的变化时。

（4）斜角后退跟随

这个运镜方法是在侧跟随运镜的基础上做了进一步的改进和提升，目的是更大范围地展示人物和环境的动态关系，在取景上更有代入感。具体要求拍摄者在侧跟随的基础上向斜后方后退，将稳定器设置为航向跟随模式，或者水平移动或垂直方向的锁定模式。

比如，被摄主体沿着直线往前走，拍摄者就可以拿着稳定器一直往斜角方向后退。最终的效果就是拍摄对象越来越小，但是个人所在的环境会越来越丰满、越来越丰富。

（5）冲突环绕跟随

冲突环绕跟随是一种难度较大的运镜方法，要求与被摄主体朝着相反的方向运镜，制造出画面冲突视觉。这个需要拍摄者跟着拍摄对象反向运镜，等到被摄对象走到跟前的时候，再转动镜头；当对方靠近后，再跟随人物身后展示所面对的环境。

在运用这样的镜头时，同样需要把稳定器设置成为全跟随模式。也就是说，在水平和垂直方向，稳定器都可以运动，这样就可以或高过低、或俯或仰自由拍摄了。

（6）鸟瞰

鸟瞰运镜常用于高空或高角度拍摄，目的是展示整个俯瞰的画面，能给人以壮观和自由的感觉。具体操作，要求把手机或相机装在拍摄专用的机械臂上，然后按需要移动。但由于需要较多时间组装器材，拍摄前记得做足前期准备，以免浪费时间。

（7）定格结尾

好的结尾是整个视频的点睛之笔，为了凸显结尾的作用，可以采用定格结尾的运镜技巧，操作也非常简单。一般采用环绕-后拉-定格的操作，即拍摄主体站在原地不动，拍摄者手举稳定器慢慢往后退，逐渐后退直到人物融入自然环境中。隐喻这段高潮的结束，或是另一段叙述的开始。这样的手法能够让观众从视频的故事或某种情绪中抽离出来。

（8）焦点转移

焦点转移是指拍摄时随着主体的移动，改变对焦距离，或者将对焦点移至另一个主体。拍摄前，最好先将镜头调到对焦的起点，再在对焦环的胶带上作标记，然后再将镜头调到第二个对焦点，再作标记。拍摄时按照着这些标记调校焦点就能更准确地对焦。

这种运镜技巧可让移动中的主体保持清晰，或者引导观众转移焦点，例如在电影里的对话场景中，将对焦点从一个人移到另一个人身上。

6.3.3 色彩处理：校正视频画面的颜色

色彩处理是视频质量提升的重要一环，处理得好与坏，直接决定着视频对粉丝的吸引程度。色彩是粉丝在看视频时最直观的感受。作为一名微信短视频创作者，不管拍摄什么类型的视频，都必须确保画面色彩准确。

然而，视频画面的色彩是最难控制的。第一，不同拍摄设备、镜头对色彩会产生不同的倾向，在同一场景下，使用不同手机、摄影机拍摄出的颜色会有很大差别；第二，不同的客户会通过不同的显示设备进行观看，设备不同，画面的色彩也会有所差异，同一个片子在手机、电脑、电视等不同播放终端会呈现出的颜色也不一样。

那么，如何100%还原视频画面的颜色呢？这就需要提升拍摄画面色彩的准确性，粉丝观看的设备对画面色彩的影响是客观存在的，而且不会随我们的意志而改变，只能尽量优化。

下面将从拍摄、监看两个环节着手，分析短视频画面色彩处理的技巧，实现视频从拍摄到发布全流程的色彩管理。

（1）拍摄阶段：色卡

色卡，是视频得到准确颜色的一个必备工具，它就像我们学习几何必须用尺子一样，是一个很好的参考，也会让我们能保证整个拍摄流程颜色的准确性。色卡就是颜色的标准，有了统一标准，就可以对照色卡对颜色进行微调，以使不同设备、不同时段拍出来的视频颜色更加接近。

比如，在上午、中午、下午三个时间段分别拍摄同一场景，由于拍摄时间不同，画面的色温也会不同。这时色卡就起到重要作用了，匹配3个不同时段的色卡，就可以很快完成后期的剪辑和调色工作。

再比如，在同一场景下，使用不同设备进行多机位拍摄时，可以每个机位都拍一个色卡，借助它对所拍的视频进行色彩校正，把校正结果应用到素材上，匹配不同机位拍摄的素材，这样在后期制作时就不用花心思去匹配不同摄像机的颜色了。

目前，常见的色卡有4类，如表6-3所列。

表6-3　色块的类型与作用

色卡类型	色块	作用
24色卡	4个色块，每个色块6种颜色共24种。6个色彩色块、6个肤色色块、6个灰度色块、6个高亮/阴影色块	色块种类齐全，可以保证在视频拍摄时获得想要的色彩平衡
三级灰阶色卡	3个色块，分别为白色、40IRE灰色以及黑色	获得准确的曝光和对比度，确保拍摄画面呈现出准确的中间调（如肉色）
对焦卡	—	确认或调整镜头的法兰焦距或后焦距。完成对焦测试后，可以用对焦卡对比测试同个项目所使用镜头的锐度

续表

色卡类型	色块	作用
白平衡卡	—	白平衡是所有拍摄的起始关键，确保所捕捉的画面色彩更加一致，后期剪辑切换时也不会显得很突兀

（2）拍摄后：监看

拍摄完成之后，就进入了后期制作阶段。这时，需要做一件非常重要的事情，就是利用专业监看设备进行现场监看，对色彩进行校正。这是确保拍摄素材色彩精准的重要保证，也是视频在输出设备上尽量保持原色的主要保证。

前面我们讲到影响视频画面色彩的主要因素之一，就是观看者使用的输出设备。可能会有人说："别人用什么设备看我又控制不了，自己校正又有什么意义？"诚然，别人用什么设备看控制不了，但我们可以尽量减小视频误差。如果视频一开始输出的是最佳状态，那最终不管在什么样的设备上显示，它看起来一定会比其他过曝或者过暗的好很多。这也会让我们的视频在激烈的竞争中多一些优势。

需要注意的是，在拍摄短视频之前要先花点时间对监视器进行校正，保证它所呈现出的色彩是标准的。否则，无论后期校正得多么好，校正出来的色彩也是有误差的。一旦成片色彩有偏差，无论事后用什么显示设备观看，这种误差都是不会消除的。

6.3.4 注重文案，会成为视频的神来之笔

抖音上有很多经典文案，这些文案不但助推了视频一夜爆红，也逐步成为抖音短视频的一大特色。爆款视频一定要配上绝妙的文案。绝妙的文案哪怕一个词、一句话，也足以带火视频，引发共鸣。

文案做得好，对视频内容也是加分项，粉丝看到后不仅会被当前的视频吸引，还可能会打开账号中其他视频继续观看。同时，好文案也会引发转发和传播，在传播的过程中，短视频播放量就会迅速增长，粉丝随之增加。

那么，如何打造高质量的短视频文案呢？这就需要掌握高超的技巧，具体如图6-24所示。

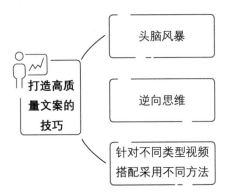

图6-24 打造高质量文案的技巧

（1）头脑风暴

文案是一种创意，而创意往往就是头脑风暴的结果，有很多经典文案都是创作者的即兴发挥。

例如，"成都最街坊"曾采访过一位女生。采访者问："你觉得男人一个月多少工资可以养活你?"

她回答："养活我啊，我觉得能带我吃饭就好。"

随后该视频发布在抖音上，迅速火起来，大量粉丝转发，女主人公抖音账号"小甜甜"粉丝很快超过了500万人。

其实，究其原因就是随意的一句话，这句话正好贴合了同龄人的心理，引起了情感共鸣，随即才能迅速引起众多粉丝关注，并引发轰动。

（2）逆向思维

有很多话本身就是经典，被大多数人熟知，但如果采用逆向思维，换个角度去说，也容易被人关注。例如，抖音上曾出现过"被动话痨"这样的文案。

被动话痨

你不理我

我也不理你

你一理我

我话比谁都多

你一段时间不理我

我就想是不是

话多招人烦

然后回归高冷

但是你一旦又理我

我马上又开始说个不停

"被动话痨"的灵感一定是来自于"话痨"一词，话痨往往是主动说话，这里的"被动话痨"则更有新意。同理，还有"七年未痒"和"七年之痒"、"假性佛系"和"佛系"，这都是创作者采用了逆向思维而来的创意。

需要注意的是，虽然采用的是逆向思维，但所表达的意思一定要是正面的，不能歪曲原先的意思。

（3）针对不同类型视频搭配采用不同方法

① 互动类：多提问。

互动类文案就是通过增强体感反馈、剧情参与、内容探索等方式激起观众互动的兴趣。在互动类视频中，可应用疑问句和反问句，且多留开放式问题。

如果短视频文案里面能够提出很多问题，粉丝在观看完视频以后，往往会在评论区对这些问题留下自己的答案，去与其他粉丝进行交流。这样随着评论数越来越多，推荐次数也会越来越多，自然就会吸引更多粉丝前来观看和讨论。

② 悬念类：表情、语气要夸张。

很多创作者为了吸引更多的人观看，往往会想到拍摄一些比较有悬念的短视频，以此来吊粉丝的胃口，从而引发粉丝们的好奇心和探索欲望，进而获得更高的评论和播放量。

而悬念类的文案，需要注意的是表情和语气要尽可能夸张，让粉丝产生浓厚兴趣，给予他们极强的震撼力。

③ 搞笑类：字要精，要幽默。

搞笑类的视频，在众多视频平台都非常火爆。这类短视频文案也比较难做，在做的过程中必须精细，不能求字多，同时多加入幽默的元素，效果会更好。粉丝们在观看的时候，不但能够开怀大笑，更能积累一些幽默的技巧，把它使用在现实生活中。

④ 段子类。

段子类文案的魅力在于，虽然往往只是生活中发生接地气的小事，但段子可以用文字写出来带给读者一个惊喜。这类文案可以与视频无关，但需要有较强的场景感。

　　文案决定了粉丝是否会点开短视频观看，这是增加播放量最重要的方式。所以，要学会做好文案，让自己的短视频内容充实、有看点。

6.3.5　添加音乐，动人心弦的必然选择

　　音乐对视频起着关键性的作用，给视频配上不一样的音乐，往往能达到更奇特的效果。所以音乐的选择，对于视频的传播影响是非常巨大的。那么，应该如何选择音乐呢？要注意一些基本原则、技巧和方法。

　　基本原则有两个：一、选择热门音乐；二、结合视频内容。其中第二点尤为重要，音乐风格必须与内容高度匹配，时刻把握视频内容，根据内容选择最合适的音乐。

　　一位粉丝发布了一个展示家乡雨后美景的视频，就像古代的山水画，画面感十足。然而，配的是一首西方音乐。尽管这首曲子在抖音上很火，但由于与东方的景色不是特别搭，关注就很少；而后来改用了"镜花水月"这样的东方音乐，旋律空灵，就极其符合雨后雾气蒙蒙的画面，让人联想到了"孤舟蓑笠翁""一蓑烟雨任平生"等诗句后，美感异常强烈，此视频才火了起来。

　　因此，给视频配音乐关键是讲究匹配度，那么，如何寻找与视频高度匹配的音乐呢？具体有4种途径，如图6-25所示。

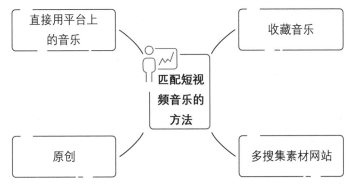

图6-25　寻找与视频高度匹配音乐的方法

（1）直接用平台上的音乐

短视频平台本身是含有音乐库的，比如抖音涵盖各种配乐，在所有平台中可以说是最全的，正如有些抖友说，抖音上有从来不会让你失望的音乐。抖音上有不少音乐，并对每一类音乐进行了分类，只要根据视频内容筛选出最合适的即可，简单高效。

（2）收藏音乐

当无意间刷到一个很火的视频，想要使用该视频里面的配乐时，可以先收藏起来。使用的时候再进入到"选择音乐"界面，点击"我的收藏"即可。"我的收藏"中可以看到使用该音乐的人数，以此判断音乐的热度。

（3）多搜集素材网站

在网上能找到很多音效素材网站，如爱给网、音效网，还有一些国外的音效素材网站，如Audiojungle、Soundsnap等。这些网站里面的音效库、配乐库、影视后期特效、游戏素材等很多都是免费的。

（4）原创

原创难度较大，但非常有效，特别适用于想要原创音乐的小伙伴们，有条件的一定要做。在抖音用原创音乐拍视频，不但可以展现出视频独一无二的特点，上热门的概率也比非原创高得多，因为当系统发现你的配乐是原创音乐后，给的流量支持也会比其他多得多。

6.3.6　确定封面：选择最吸睛的封面

当粉丝关注你的账号后，首先看到的是你账号中所有视频的封面，封面一定程度上是反映着视频内容的，是吸引粉丝的一个重要因素。那些网红大号的视频封面必定会经过精心设计，一张好的视频封面既能提升视频整体的美感，又能大大提升视频的打开率。

那么，具体应该如何设计呢？可以按照图6-26中的技巧来进行。

（1）本人形象照

将本人形象照设为封面是一种深度人格化的运营策略，看似"随意"，实则非常讲究，视觉冲击比较大，容易形成自己视频的独特风格，打造自身IP。如图6-26中就是某外语教学机构英语教师的抖音视频，便是以自己照片作为封面的。

图6-26 某外语教学机构教师的视频封面

（2）产品效果图

即直接展示产品效果，比如，有的美食类账号，就用成品图，诱人的食物刺激粉丝；美妆类账号，用效果图让粉丝深入了解产品。这样有利于促进粉丝点开更多的视频，增加视频的历史播放量。

图6-27中是视频美食大全的视频封面，全部是用成品美食作为封面素材。

图6-27 视频美食大全的视频封面

（3）创意文字

创意文字封面是那些运营好的大号们最常见的做法。很多时候，文字更容易给人以深刻的印象，不仅能够让人们在最短的时间里获得知识，还有思想上的触动。抖音上有很多创意文字封面，看了内心不禁会有很深的感触。

文字式的封面不仅操作简单，也会让粉丝在潜移默化中加深对视频的印象，例如，《每日经济新闻》官方抖音账号@N小黑财经就是采用这样的封面，如图6-28所示。

图6-28　@N小黑财经抖音视频

第 7 章

社群私域：
打造自己的社交圈

随着社交平台的普及，越来越多的消费者更愿意通过社交平台获取商品资讯，随之兴起的社交电商打开了全新的社交新零售方式：社群私域。

构建私域流量池的有效措施

在产品、服务同质化日趋严重的今天，电商企业要想增强自己的竞争力，很重要的一点是如何经营好粉丝关系。经营粉丝关系，其中一个有效途径就是建立社群。

社群是一个天然的用户关系管理系统，可以通过社群对用户进行高效管理。具体体现在用户可以对企业的决策、营销方案、品牌、产品等信息传播进行集中讨论，并迅速做出反馈。

如一个广告投放出去，采用传统营销渠道是很难看到用户反馈的，或者仅有的反馈也是单向的或者不即时的，造成的后果是即使发布了广告或者信息，也难以达到预期效果。但有了社群后便可以将用户放在社群里集中管理，并通过社群打造更好的互动场景，使企业和用户有充分的交流机会，从而为决策的优化、问题的解决奠定基础。

如图7-1中就是某品牌利用社群构建私域流量池的示例，通过公域流量积分消费，先引流到社群中，然后再进行二次消费。

传统的粉丝关系管理是相对独立的，相互之间很少产生联系，这已经无法满足流量从公域向私域过渡的这一趋势的发展需求了。要想达到更好的管理效果，需要对粉丝进行集中管理。社群是为了将那些对企业、对产品具有高度认同感的粉丝集中起来，并通过有效的管理，使之发生转化。

社群是构建电商企业私域流量池最有效的措施之一，可以让群体行为更统一，指向性更加明确，更高效地达到预期。

那么什么是社群？社群是网络社交群体的简称，是指在特定网络平台上形成的虚拟群体。对此，很多人误认为社群就是微信群、QQ群，其实这是错误的，社群不是把人

**图7-1 某品牌利用社群构建
私域流量池示例**

强行聚拢在一起，建一个群就行了。社群的组成单位是人，但更重要的是把人聚合在一起后要形成一个圈子，通过兴趣、爱好等方式形成一种生态，总的来说，社群是人与人连接的工具，也是打造人与人强关系的媒介。

2014年初，微信推出红包功能，微信群沦为发红包的战地。2014年末，小米社群这一成功的案例，让更多人意识到了社群经济的可行性。于是到了2015年，大量的知识社群、创业社群、商业社群、亲子社群、校友社群等细分社群大量涌现。这一年可以被称为"社群元年"。

社群野蛮生长经过了一个探索的阶段，终于迎来了有序的社群时代。随着移动互联网的兴起，社群也涌现出一些新特征，功能定位从单纯的社交平台向社交+商业两栖功能转变，信息交互由单向传播向双向互动转变，内容也由商家直接供应向由用户供应在转变。

7.2 社群的类型及其优势

（1）社群的类型

目前，社群主要分为两种，一种是产品型社群，另一种是兴趣型社群。产品型社群以小米社群、哈雷摩托为代表，源于用户、发烧友对产品的爱，及积极参与产品相关话题讨论和传播，这种形式的变现能力比较强；兴趣型社群，如铁血论坛、旅游吧等，粉丝黏度低，商业能力也较弱。

其实，产品型社群和兴趣型社群划分得并没有那么绝对，大多数时候，往往是两种特性兼具。因此，社群常常又可以分为5个类型，如图7-2所示。

①卖货。

例如，某人对衣着搭配很有研究，于是建立一个群，分享衣着搭配经验，分享之后就可以推销淘宝小店的对应商品。但是这里的"货"是泛指，产品、服务、会员、智力成果都包含在内。

②品牌。

品牌打造社群旨在和用户建立更紧密的关系，这种关系并非简单的交易关

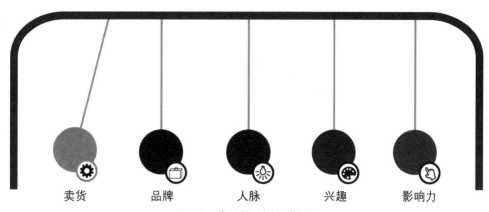

图7-2 常见的5个社群类型

系，而是在实现交易之外的情感链接。

③ **人脉。**

无论是基于兴趣还是为了交友，社交的本质都是为了构建自己的人脉圈。这是任何一个职场人士都会去努力维护的关系。

④ **兴趣。**

这类群是想吸引一批共同学习和分享的人，组成一个在网络上学习的小圈子。学习是需要同伴效应的，没有这个同伴圈，很多人就难以坚持，他们需要在一起互相打气、互相鼓励，很多考研群就是如此。

⑤ **影响力。**

群具有快速裂变特点，有的群主就是借助这种效应更快地构建了自己的个人影响力。因为网络交往缺乏真实接触，所以新入群成员往往会相信甚至夸大群主的能量，分享干货、组织些有新意的挑战活动，形成对群主的某种崇拜，然后群主通过激励手段和影响力去获得商业回报。群主鼓励大家认同某种群体身份，最终借助群员规模和影响力去获得商业回报。

（2）社群的优势

随着5G网络和智能手机的进一步发展，消费已经从线下逐步转移到互联网上，又从门户网站转移到社群。对于电商企业而言，这既是一个巨大的挑战，也是一个千载难逢的机会。利用社群来辅助流量建设有很多的优势，最大优势就是精准定位，增强交互性，拉近企业与用户之间的距离，增强用户黏性。

社群私域的优势具体表现在5个方面，如图7-3所示。

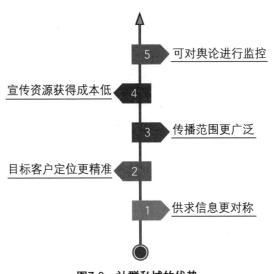

图7-3　社群私域的优势

（1）供求信息更对称

社群可以使营销供求更对称，消费者出现在哪里，企业营销活动就会出现在哪里。在社群出现之前，优质媒体资源基本上都被电视台、广播、报纸、门户网站垄断，企业重大营销活动只能借助上述媒介进行扩散。但这种供与求很难保持一致，虽然在电视、广播上投放了广告，但针对的群体是不特定的，甚至不知道有没有人能看到。

当社群出现后就改变了这一现状，微博、微信现场播报，文字+图片+视频+音频的方式使广告传播能够及时、迅速地到达特定人群。还可以设置一对一的精准推送，这也是为什么微博、微信会成为很多人获取资讯的第一阵地。

由此可见，就媒介性质而言，社群是企业聚集私域流量最佳的宣传阵地，这个资源是源源不断的，是可以有效控制的，是低成本的。

（2）目标客户定位更精准

社群可以使具有相同或相似需求的人最大限度地集中在一起，这是一个自动搜索的过程，并不需要付出太大的成本。如移动互联网基于地理位置的特性，可搜集很多有价值的用户信息，包括年龄、性别、地址等基本信息，也有很多极具价值的深层信息。

运营者可通过对这些信息的分析，有效判断出用户的喜好、消费习惯及购买能力等。

（3）传播范围更广泛

社群传播是裂变式扩散，一旦发布有价值的信息，就有可能被众多粉丝自发转播。粉丝的再继续传播，就像滚雪球一样越来越大，而这些粉丝很可能就是潜在的消费者。如此，每个粉丝都可能成为独立的传播媒介，将信息不断传递出去。

传统的传播方式费时、费力、成本高，又有可能造成很大误差。老客户帮忙拉新客户，尽管也给予一定的激励措施，但操作起来却不太容易。这就是社群私域为什么能在短时间内如此受欢迎的原因。

（4）宣传资源获得成本低

利用粉丝企业可以以更低的成本，组织起一个庞大的粉丝宣传团队。那么，粉丝到底能带给企业多大价值呢？

如魅族手机就有着庞大的粉丝团队，数量庞大的煤友成为了魅族手机崛起的重要因素，每当新手机有活动或者出新品，总有一些铁杆煤友奔走相告，做宣传，这些铁杆粉丝就是意见领袖，具有很大的号召力，而这些几乎是不需要成本的。

（5）可对舆论进行监控

社群最后一个优势是能够通过大数据，帮助企业低成本进行舆论监控。这主要表现在企业危机公关时。因为任何一个负面消息都是从小范围开始扩散的，只要企业能随时进行舆论监控，就可以有效降低企业品牌的危机产生和扩散的可能。

在社群出现以前，电商企业想对用户进行舆论监控难度是很大的，而现在利用社交解决危机公关已经得到了广泛认可。

做社群私域关键是构建社交圈

7.3.1 明确角色定位

一个社群里至少要有4种角色，只有这4种角色同时存在时，这个社群才能稳定、健康地发展。社群里的4种角色定位如图7-4所示。

图7-4 社群里的4种角色定位

（1）群主、管理员

群主就是建群的人，管理员是群主授权的关键人员。在前期，由于社群中的成员之间还不太熟，群主、管理员在这一阶段发挥着至关重要的作用。

群主、管理员主要负责社群的日常运营和维护，同时需要活跃社群气氛。比如，回答一些问题进行价值输出，与群里的活跃成员保持联系、建立情感链接等，使社群保持活跃。

（2）意见领袖

意见领袖就是指一些懂得比较多的成员，他们是群里的意见领袖，他们愿意在群里交流沟通，甘愿给大家传授一些知识，解答小白的疑问等。

（3）爱提问的小白

这类人对一些专业知识比较感兴趣，但是他们自己本身了解得却比较少，不过好在爱提问，不懂就问。很多时候他们和意见领袖贡献了这个群里80%的聊天内容。

（4）沉默的大多数

每个群里几乎都会有很多人不怎么爱说话，但是他们又不退群，只是在群里默默地看着大家交流，不断地摄取知识。

以上就是一个活跃的社群当中必须要有的4种人，那么，如何有效管理这4种人，并满足他们各自的需求呢？

图7-5中重点梳理了一下这4种人各自的核心需求。

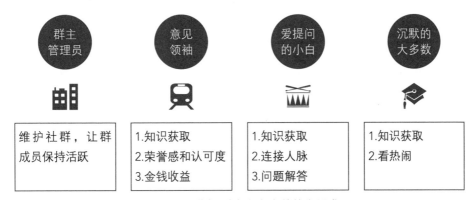

图7-5 社群中4种角色各自的核心需求

那么，如何满足这些需求呢？尤其是意见领袖的需求，一定要满足，让他们愿意在群里输出知识。

（1）知识获取需求

知识获取需求是一个比较普遍的需求，无论哪种角色的人，他们之所以愿意留在群中，必定有这方面的需求。作为群主、管理员，要重视高质量的内容输出，保证满足各阶层人员获取知识的需求。

对于意见领袖来讲，他们不仅仅要满足自身的知识需求，还要乐于分享。很多小白的知识都是从意见领袖身上获取的，所以一定要保证群里有更多的活跃人，让他们互相学习、互相获取知识。

（2）荣誉感

每个人都有荣誉感，都希望得到别人的赞扬。想让意见领袖在群里多活跃，就让他们能在群里获得这种荣誉感。这可以通过设置一些规则来达成。然后根据大家的表现来选出一些经常活跃的人，给他们一些称号和奖励。他们也会很开心的。比如运营深度精选的每周优质IP。

（3）金钱奖励

最能让人长期坚持下来的就是金钱的奖励。当他们在你这里有所图的时候他们就会更愿意来你的社群，适当、持续的金钱奖励对维护关系至关重要。

当然，也可以用一些群员最在意的东西驱动他们，这也是非常有效果的，比如增加粉丝曝光度。对于有完善变现路径的人来说，流量就是金钱，直接给他流量，他会比收到一些小钱更高兴。这里也可以根据自己的用户画像进行分析，找到群员们最迫切希望的点来作为奖励驱动他们。

最后还有一点也很重要，就是做好和他们的情感链接。一定要和群里的核心、关键成员搞好关系。原因很简单，谁也没办法和群里的所有人做朋友，只能做到与少数人做朋友。

7.3.2 分析用户画像

能够长期维护社群关系的关键在于社群运营者自身，因此，社群运营者在建群初期就应该精准地分析用户画像。用户画像对于社群运营就像学习加减乘除对于数学，汉语拼音对于语文，是基础的基础。

分析用户画像是社群运营第一步，也是最重要的一步，后面所有的方法、技巧都是建立在精准的用户画像的前提下。

那么，如何进行用户画像分析呢？第一步就是用户调研，通过调研真正地去了解用户。下面介绍3种调研方法，如图7-6所示。

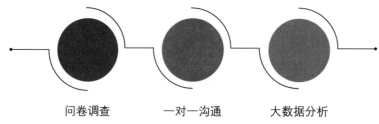

问卷调查　　　一对一沟通　　　大数据分析

图7-6　分析用户画像调研的3种方法

（1）问卷调查

问卷调查，是最便捷、最迅速的方式，特别适用于初次调研，对用户一无所知的时候。通过问卷调查可以对用户基本情况有大致的了解，比如，性别、年龄、职业、收入情况、上网活跃时间等。

做用户调查有两个关键：一个是问题的设计，尽量是选择题，别让用户做问答题。人的本性是懒惰的，如果问卷调查设计的都是问答题，用户可能觉得麻烦而放弃回答，所以，问卷调查设计一定要考虑到这一点。

另外一个是问卷的形式，为了满足线上用户的需求，还可以通过朋友圈的形式来完成。

朋友圈做调查的形式可以让我们了解到，微信用户更在意的是什么。除了在朋友圈，还可以在其他平台上投入问卷调查，以此吸引更多志同道合的人进入社群。

（2）一对一沟通

有些用户在朋友圈与你有互动，回答了问题。但只有这些是不够的，还需要继续深挖，进一步了解他们，比如他们做出这样选择的原因。

比如第一个问题，问他们是喜欢茶艺课还是茶知识课，当他们做出选择后，就可以选择私聊，展开一对一沟通。

针对选择茶艺课的人群，再问他们为什么不喜欢茶知识课，并且给出足够的理由；针对选择茶知识课的用户，进一步去问，为什么不喜欢茶艺课呀，泡茶还是有很多讲究的。

这样的提问，用户也会愿意说出自己选择的理由，通过这种形式，可以探究出他们所做选择的更深层次的原因，找到用户的动机和需求点。这样一来，对于自己的用户也会更加了解。

（3）大数据分析

无论是回答问题，还是一对一沟通，都是依靠我们自己来完成的，相对来说不够客观，受个人意愿影响较大，对于有些用户的需求点肯定会有所遗漏。对于需求的调研，还可以通过大数据分析的形式，这样对于问题能够更加客观的掌握和了解。

具体说就是,可以通过大数据分析工具上的相关数据,最后再去做针对性的分析。大数据分析的工具有很多,前面也介绍过,下面以知乎为例来看一下。

仍以茶为例,可以去知乎看看相关的问题,着重点可以放在关注度较高的问题上,因为这些可能就是用户的痛点所在。

抓到关注度高的问题,我们需要再去看一下点赞高的回答,分析高赞回答都解决了哪些问题,这些可能就是用户最想要得到的东西。最后,还需要再看一下高赞的评论,高赞评论可能会体现出用户心中的一些真实想法。

当然,分析完以后还需要把数据落地,简单来说,就是将分析出来的数据,再通过前面私聊和问卷调查等方法去得到证实。

大数据分析的方法可以对用户有足够深的了解,了解用户也是做好长期社群运营的一个基础。

7.3.3 提高社群专业化水平

社群运营几乎成了电商企业标配的岗位,但并不是每个企业都做到了"专业化"。社群专业化运营非常重要,是衡量社群运营工作好坏的重要标准,只有专业才能持续吸引粉丝关注,超越竞争对手。

社群的专业化运营主要体现在3个方面,如图7-7所示。

图7-7 提高社群专业化水平的3个方面

(1)运营人员的专业化

运营人员要成为某一个行业的专业人士,有权威性更好;超级IP,还可以打造一些背书,增加一些光环,这是非常有必要的。

塑造权威性,也就是我们讲的IP,最好能成为超级IP,自带流量、自成势能,具有话题和内容"生产"能力,产生连接和转化。

超级IP塑造，一个是品牌的超级IP塑造，另一个是个人超级IP塑造。通过人格化，赋能，以话题和内容能力来打造超级IP，营造营销势能，最后才能通过流量、流量沉淀和运营，实现更大的增量和变现能力的转化。

（2）内容打造的专业化

内容专业化，可以大大降低用户决策成本，在社群中获取知识，是一种高效系统的学习方式，其内容必须是专业化的，这种专业化体现在两个方面。

一是核心群员的专业化，核心群员需要是某领域的专家或大咖，比如，十点读书的《史记精读班》，授课老师就是名校的历史系硕士，有较强的专业背景，容易让人信服。

二是体系的专业化，在用户正式报名前，是通过内容体系的呈现来感知的，内容体系越系统、越合理，用户买单的可能性才越大。

通过内容的专业化来降低用户决策成本，是基于影响力要素中"权威"要素的使用逻辑，其本质是信任的传递，就是把权威"自带信任"的性质转移到产品上，从而影响用户心理。

（3）打造大家共同认同的文化

打造专业化社群运营，除了人员专业、内容专业外，还要有更深层的文化认同。构建一套极客文化体系，提升社群成员的专业认知。

文化认同，才是社群的动力，是社群维系的核心。对文化的认同是一切关系的开始，创造共同的认知后，追随是必然的行为。也就是说，社群只有源源不断地带给群成员归属感和优越感，成员才会留下来，并自发传播社群文化。

即使是产品型社群，也可以打造一套人人公认的文化体系，塑造文化氛围，让每个人都产生精神上的认同，思想上的引导。

比如，小米的"为发烧而生"，当社群目标定位为中产阶级后，那么无论是产品定位还是社群调性，都宣扬的是一种极客的价值文化主张。从认知到行为，从文化符号到仪式展演，由内而外全方位提升成员的专业认知，为社群建立品牌护城河。

一个新产品如何迅速从山头林立的市场脱颖而出？靠的就是打造品牌文化，用文化认同潜移默化地影响用户，小米、滴滴、钉钉无一例外都是打着独特文化来做的，这不仅赢得了更多粉丝的拥护与垂青，而且还为粉丝创造了对外炫耀的资本和内容。

7.3.4 深度聚合和链接

谈到社群，很多人对社群的第一反应是"一群人的集合""有共同的标签"。但是一群人的集合，有着相同标签的不一定是社群。标签为"吃货"的人，还有可能经常一起乘坐停靠在楼下的2路汽车，他们也常常会有自己的群，但这不是社群。

还有些温馨群，一群人聚集在一起是没有目标的，即使有群，也只是设置了一个助手，每天发广告、发文章、发红包，链接度很低。准确地说，他们只是通过某个社交工具集合在一起的群而已，很多社交软件都有这样的群员集合功能，如QQ、陌陌、兴趣部落等。

所以，类似以上的群并非真正的社群，要形成社群还要有诸多元素。其中之一就是有深度聚合和链接，这种深度聚合和链接主要包括两点，一个是价值输出，另一个是情感链接。

（1）价值输出

价值输出即用户最想得到的东西，比如，社群运营群里，社群运营一些最新行业消息就是价值；水果社群里面，能够提供廉价优质的水果就是价值。当社群里有了价值，大家才会珍惜这个社群，也会时不时地出没活跃，社群运营才能长期发展。

当然，这个价值要根据用户痛点需求来提供，要根据自己的用户画像来决定。价值输出方式通常有两种，如图7-8所示。

社群内平时聊天　　社群内一些定期的活
　　　　　　　　　动或者课程

图7-8　社群价值输出的方式

（2）情感链接

社群的长期运营除了价值输出之外，情感链接也是非常重要的。因为群内的人很多，不可能人人时时刻刻都需要获取有价值的信息，这个时候情感链接的意义就体现出来了。

情感链接最典型的例子是家族群、亲戚朋友群，每个人都有自己的群。这些群里基本没有什么有用的信息，但这个群为什么不会死掉呢？原因就在于群内成员的情感链接，大家都很愿意在这个群里聊天。

在这里可以延伸一下，如果想要做好一个长期的社群，情感链接一定是必不可少的。如何建立很强的情感链接，具体可以从3方面入手，如图7-9所示。

建立共同目标　　　群里多聊天　　　线下见面

图7-9　社群建立情感链接的方法

① **建立共同目标。**

拉近与用户关系最稳固的办法就是，大家共同努力去完成一件事。当一群人有共同目标时，社群的凝聚力也是最强的，所以，社群可以找一个大家都感兴趣，并且都愿意参加的目标，一起努力。

当然，这个过程还需要设置一些奖励，这样也更能激发人的兴趣和斗志。这种奖励不仅仅局限于现金红包。

② **群里多聊天。**

链接用户另一个主要办法是在社群里多聊天，这里的聊天不是简单的聊天，而是要去聊一些目标用户经常关注的话题（这里就用到了用户画像）。比如，年轻女性可能会关注减肥比较多，这个就可以多聊聊，这样也容易和她们产生情感上的共鸣。当她们觉得你和她们有共同点，是同一类人时，自然关系也就近了。

③ **线下见面。**

"线上聊千句不如线下见一面"，确实是这样，线下见面是最容易产生信任，也是最容易拉近彼此关系的方式。线下可以真真实实看到人，而不是网上一个头像这样虚拟的形象。所以，在条件允许的情况下，可以增加线下见面的次数，这样会大大增加用户的黏性。

现在很多图谋长远发展的社群，都不约而同地会布局线下，为线下成员提供聚会、活动的固定场所。

因为他们懂得社群是一群人的链接，在链接过程中，通过有温度的内容、有价值的产品、有意义的活动、统一的价值观、共同的目标及全体成员的共同利益，再基于各种亚文化和互利机制、合作模式等方式，进一步让一群志同道合的人深度聚合和链接在一起的社群组织，他们拥有统一的价值观，具有强烈的身份认同和归属感。

7.3.5　优质内容高效输出

社群是以内容为核心，通过去中心化的社交和网络服务的方式，形成了一个强链接关系的社交部落，并彼此建立圈层化互动和体验，从共享和体验中互利。

关于内容形式也十分多样化，社群进入移动时代，内容的表现形式越来越多，有文字、图片、视频、音频、直播等各种表现形式。好玩、好看、有趣、有料成了体验和互动的关键，优质内容生产成为吸引人的唯一法宝。现在有很多社群，因为无法生产足够的内容，导致互动严重不足，只能艰难地维持着，所以，内容生产关系到社群的生死存亡。

在社群中每个人都是一个内容的贡献者，也是一个获得者。并且要有连续性的内容输出，定时、定量、定向发布内容，才能吸引目标用户，同时也便于目标用户养成浏览习惯，当其登录时总能够看到最新的动态，有所收获，才会继续关注，这才是最成功的表现。如果无法做到天天更新，至少要做到经常出现在他们面前，久而久之便可以成为用户的一个习惯。

定时、定量地发布可以在一段时间内占据关注者的社群首页，至少不会被快速淹没。但是一定要保证群质量，在质量和数量的选择上一定要以质量为先。因为，大量低质量的内容会让浏览者失望。一个缺乏有价值信息，多是垃圾内容的社群，不仅达不到传播目的，还很可能被不胜其烦的粉丝删除掉，或压根就不会有人关注。

运营社群让粉丝上万的技巧

7.4.1 制订社群管理规则

社群需要一个稳定的发展机制，合理地制订社群管理规则，是保证社群越做越大的基础。但制订群规则又会引来很多争议，规则过于宽泛，不能很好地规范社群内群员，在管理中也会出现很多小问题。过于严格，又会令大多数成员反感，因为不喜欢一个网络组织有太多的约束。那社群群规要怎么建立呢？

需要坚持以下两个原则：

（1）符合情理

群规则的基本方向是符合情理，合情合理是首要原则，是大方向。群规则不是国法，一定要根据社群的情况设计，甚至一个社群下属的不同分社群，也要在社群规则的设计上有所区别。根据社群特点制订基础规则，根据运营机制制订特别规则。

（2）制订流程化规则

社群成员之间是弱关系链接。因此所谓的对社群进行控制，不是一般意义上的强制性措施。而是通过流程化的规则，让社群成员形成自组织、自运行，自产出高质量内容，从而实现社群运营的目的。

在制订流程化规则时要注意3点，如图7-10所示。

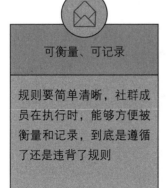

可衡量、可记录	互动性	独立性
规则要简单清晰，社群成员在执行时，能够方便被衡量和记录，到底是遵循了还是违背了规则	促使群成员达成互动、传递信息、交流想法，表达情绪等。在这种相互作用下才能实现目的，涌现价值	单个成员表达想法、做出行动时，必须是独立的，不应受制于群内的KOL。这样才能保证涌现出来的价值具有无限性、多样性

图7-10 制订流程化规则的3个注意事项

7.4.2　新人进群有仪式感

社群需要通过仪式来宣告它的存在，举行仪式可以强化社群成员的共同价值观，并让其得到弘扬，从而增强成员间的凝聚力。社群运营中，比较有仪式感的就是欢迎语的设置。

新人入群欢迎语是建群后一项基础而必要的工作，好的欢迎语，会给新人留下一个良好的印象，并帮助新人快速了解社群，为维护社群打造良好的氛围。

欢迎语怎样设置才能吸引新人的眼球，让新人感受群里的热情与活跃，快速了解社群的价值并认同呢？

在设计欢迎语的时候，至少要包括3点信息，如图7-11所示。

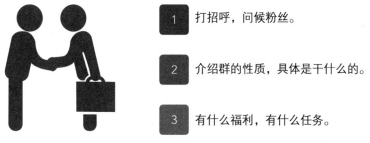

1　打招呼，问候粉丝。

2　介绍群的性质，具体是干什么的。

3　有什么福利，有什么任务。

图7-11　社群欢迎语设计内容

具体类型选择还需要根据社群的特性而定，社群欢迎语通常有以下4个类型。

（1）直白型

即简单明了说明情况，入群后可以通过回复对应的数字或者关键词了解详细信息。

> **直白型**
>
> 欢迎×××入群，很高兴认识你！@小助手+以下数字，即可快速了解相关内容。
> 　发送【1】快速了解群规
> 　发送【2】快速获取群精华
> 　发送【3】免费获取资料
> 　上面选项解决不了的问题，请在本群里@客服，将会尽快帮您解答，感谢亲的到来。

（2）温暖型

这类型欢迎语虽然也非常简单明了，但表达上没有那么生硬，语气相对柔和。

温暖型	欢迎来到果汇生鲜群，微信扫一扫，水果马上到！进群好处多，福利享不停。 本群成立初衷：希望在繁忙的工作之余，帮你轻松吃到新鲜的水果，香蕉苹果哈密瓜，芒果草莓水蜜桃，水晶梨，车厘子，吃个橘子笑哈哈。 【福利1】充值享优惠，充500抵600，还送橘子一盒！ 【福利2】每天9：00特价水果秒杀，不容错过！

（3）活泼型

这类型欢迎语主要是通过活泼的文字或表情，表达对入群者热烈的欢迎，让入群者充分感受到群主的热情。这类欢迎语比较适用于那些以兴趣、活动为主的，偏年轻化的群。

活泼型	我不管，进入这个群你就是我的人了！没事的话，打打工，不要老是潜在水里，老是在水里潜着，容易生病。 本群旨在互相交流运营心得，互相学习共同进步，请大家遵守以下约定： 【1】群名片：昵称+地区+职业。 【2】讨论范围：社群运营内容输出、活动策划、数据分析、促活、拉新等。

（4）文艺气质型

这类欢迎语比较含蓄，带着些文艺气息，多是赞美或者小清新的句子，更适用于那些以亲子、教育、培训为目的的社群。

文艺气质型	欢迎加入×××！有朋自远方来，不亦乐乎！您的眼光真好！我们是最优秀的团队！每周都有精选课程0元领取，欢迎您成为我们的一员。入群请遵守群规则哦~ 【1】进群请修改群名片：昵称+职业+地区。 【2】呼叫"学习空间"可进入群精选学习课程。 【3】此群每天有老师为您解决问题，请互动，请感恩！ 【4】严禁互加，文明交流，禁止发广告！

7.4.3 对社群进行系统规划

社群之所以对大多数私域流量效果不佳，就是因为很多人认为社群可有可无，或者只是当作营销手段的一个补充。其实，社群作为一种全新形态的私域流量池，潜力十分巨大，关键是要去系统布局和运作。

做社群不能不做系统规划，单纯地运作一个层面，即使很用心也很难支撑整个群的长期存在。

社群的系统规划包括3个层面的工作，如图7-12所示。

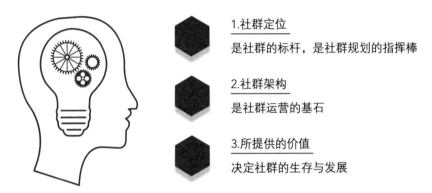

1.社群定位
是社群的标杆，是社群规划的指挥棒

2.社群架构
是社群运营的基石

3.所提供的价值
决定社群的生存与发展

图7-12　社群的系统规划内容

（1）社群定位

所谓定位，通俗讲就是聚焦在一个垂直领域，比如，宠物社群、读书社群、英语社群、小提琴社群。定位可以从自己或团队某个爱好、擅长的领域入手。这样，目标人群相对比较清晰，运营起来也更易上手。

定位是社群发展的走向，也是社群建立的第一步。有很多社群做得很好，偏偏粉丝不领情。主要原因就是社群定位与粉丝需求不在一个频道上。有些社群的定位是单点兴奋，往自认为的方向去发展，那是不行的。

打个比方，某书法爱好者建了一个以书法交流为核心的社群，每天分享优秀的书法作品，把作品晒出来供大家鉴赏、评价。其实这就是单点兴奋，是以自己的利益为出发点的。群内其他书法爱好者也许很喜欢他的作品，但大多数人不会持续关注。

如果他除了发自己优秀作品之外，还发布一些对粉丝有价值的东西。比如，书法练习技巧，或共同完成一些书法练习任务，让双方更好地互动起来，效果就会不一样。

社群定位必须建立在了解粉丝真正需求的基础上，找到粉丝的问题所在，并解决它，最后以此来进一步调整自己的价值输出和服务，这样才会更容易令粉丝满意。

（2）社群架构

社群架构就是社群里不同的成员比例，一个健康的社群应该有哪些成员，是约定俗成的。这点在7.3.1节中讲过（不再赘述），群中4种角色最好都有，缺少任何一个都很难运转起来。

（3）所提供的价值

价值输出是社群存在的核心。粉丝入群目的是获取更多的相关知识，所以群运营者必须有针对性地为大家提供有价值的内容，也就是说价值才是核心。如果所提供的内容输出无关痛痒，谁也不会浪费更多时间在这个群里。在知识大爆炸的现今社会，能够提供真正有料的干货才是群成员所期待的，能够让大家有所成长、有所收获才是根本。

7.4.4 积极与粉丝有效互动

活跃的社群最大的特点就是"互动性"强，有的人将群做成了发布广告的窗口，这种冷冰冰的群，掉粉是迟早的事儿。

（1）及时认真回复留言

无论哪种社群，只有在高频互动中才能强化成员彼此的联系，增加成员的归属感。高频互动第一件事情就是回复粉丝的问题或留言，用心感受粉丝的内心。这种交流更容易唤起粉丝的情感认同，就像朋友之间的交流，时间久了就会产生一种情感链接，这种联系往往比利益链接更持久而坚固。

当然，适时结合一些利益作为回馈，粉丝会更加忠诚。其实对于很多做社群并不怎么成功的运营者而言，最大的问题是用户少、留存率低、活跃度低。比如有用户对你的内容做出评论，而你还是一副高高在上、爱答不理的态度，社群就难有出头之日了。

回复用户是激活社群的一个重要手段，及时、高质量地回复会不断提升在用户心目中的亲切度。所以作为运营者，回复留言时一定要快，而且要用心。

在回复闲聊式留言时态度一定要温和，要平易近人，这样才能让用户感觉你是像朋友一样好相处的，才能消除心中对你的距离感，彻底转化为社群的铁粉。

当回复专业性问题时，一定要详细、耐心地解答，及时回应用户的追问，这样才能聚拢人心，也有利于在用户心中塑造良好的形象。

（2）打造回复的专属风格

社群运营也要学会卖人设。其实不管是做什么，只有突出自己的风格、自己的个性才能被大家记住，所以运营社群的手段要灵活些，比如自黑、调侃吐槽等。当然，这并不是要哗众取宠，靠着无底线、无下限去博眼球，而是说要力争形成自己的独特风格。

（3）策划群活动，强化身份认同

很多活动内容聚焦在新产品体验或邀请铁杆会员参观工厂、观摩生产流程上，而不重视用户之间的交流，只在意活动的影响力或规模。活动的目的是促进用户彼此间的交流，而非活动本身，更不是形式上在一起。据统计，小米平均每个月举办21场活动，如"米粉"节、同城会等，从中可以看出高频次活动对社群发展的重要性。

总之，社群需要通过一系列的活动对内聚拢成员、强化成员关系，对外宣扬社群核心价值、吸引新成员加入，同时不断地向外界宣告社群的存在。在信息泛滥的今天，如果人们一周看不到企业的消息，企业就很容易被人们遗忘。

这就是为什么那么多EMBA(高级管理人员工商管理硕士)喜欢参加户外活动，如爬山、跑马拉松、穿越戈壁滩等活动的原因。一方面，活动本身能带给人们刻骨铭心的体验和感悟，另一方面是大家可以一起在户外旅途中凝结出一种特殊的情谊。

7.4.5 对社群规模进行有效控制

社群的传播规模和传播速度都是非常惊人的，当两者相结合后，便会创造出惊人的力量。但这种力量可能是正面的，也可能是负面的，且社群作为微商的一个"零距离"接触用户的平台，负面的信息与不良的用户体验很容易迅速传播开，给企业带来不利影响。因此，必须对社群这柄双刃剑进行管控。

要想有效掌控社群，需要注意很多问题，因为一篇社群中发布的文章虽然看起来只有短短的百十字，但实际撰写难度与重要性却是非常高的，需谨慎推敲所要发布的博文，以免不慎留下负面问题。一旦出现负面问题，要及时跟进处理、控制局势，而非放任自流，更可怕的是问题很严重的时候还全然不知。

因为线上参与的自由度非常高，任由网民的主观意愿发酵，往往会导致事态向难以掌控的方向发展。对于互动对象的举动与信息反馈，也不可掉以轻心，必须积极而谨慎地对待，否则极可能产生"蝴蝶效应"。总之，社群是一柄双刃剑，私域运营者既然决定拿起这把剑，就要谨慎并用心去经营。

第 **8** 章

微商私域：
培养粉丝忠诚度

最早做私域流量的就是"微商大军"，
他们通过社交平台进行营销、卖货，随处
可见的是他们在自己的主页当中，宣传自
己代理的产品。

8.1　商业模式决定了微商最适合做私域

8.1.1　熟人生意模式

熟人生意模式主要用在微信微商中，微信是一个相对封闭的社交圈，微信好友或多或少都与自己有某种关系，要么是亲戚朋友，要么就是同学同事，亦或是其他熟人等。其实初期的微商都很简单，就是在微信上直接卖产品。因为有这些"关系户"存在，在朋友圈内刷屏，他们会为此感到新鲜，对我们鼓励加油，也会成为第一批用户。

之前认识一位父亲，在聊天中他提到自己的女儿。女儿上大学后除了学习外想要利用业余时间自己创业，但苦于没有社会经验，所以，选择了门槛较低的微商。因为她社会经历还少，没有足够多的人脉积累，结果这位父亲成为了她的第一位客户，用她爸爸的话说就是"孩子想要创业是好事，做父亲的如果都不支持，谁还能给她创业信心呢？"

很多新手觉得，做微商这么快就能卖出东西，很开心。其实，那是初级阶段，现如今已经没那么容易了，而且与客户的关系也由强关系向弱关系转变，当把身边的强关系客户开发完毕后，就需要去寻找新客户，毕竟依靠熟人关系维持长久运营是非常难的。

做熟人生意局限性很大，因为受熟人数量的限制，很快就会遇到瓶颈。产品都有一定的使用期，短时间内很难产生二次、三次消费。这个时候，很多微商开始疯狂"加友"，每天不停添加，结果加进来一大批陌生人，陌生人越多就意味着转化率越低。

8.1.2　代理分销模式

代理分销模式与传统运营模式有很多相似的地方，类似于厂家到全国各地找当地代理。只不过由线下转移到了线上。比如，好友对产品比较认可，那么就可以发展为下级代理商，经过层层下沉，形成一个金字塔式的经销商梯队。

在微商中，代理分销微商是一种常用的运营模式，有着独立的运营体系。很多微商在选择这种商业模式后就开始独立运营，整个公司或团队不设立太多的机构，没有任何经济利润，基本上只依靠代理商生存，只对代理商负责。

这种模式的劣势是也会遇到熟人生意的发展瓶颈，面临无法销售产品的问题。并且下级代理分销微商还会通过各种渠道去比较上级代理的产品和价格，可能仅仅是一元钱的价格差，也会失去这位代理，这也是多数微商团队都会遇到的问题，成为发展遇到的第二个瓶颈。但是确实有一类微商团队突破了这些瓶颈发展得很好，他们是怎么做到的呢？其实这就进入到了做微商的更高层次：品牌模式。

8.1.3　品牌模式

优秀的微商总会有这样的体会，哪怕自己的产品比别人贵，也有人愿意跟着，自己代理什么产品消费者就愿意买什么，这就是品牌的力量，品牌可以将陌生人变成忠诚粉丝，粉丝买东西只有一个理由：我喜欢。

有了品牌的光环，微商自身也就有了某种魅力，他们是粉丝心中的明星，他们的形象好、气质好、有内涵，他们的创业经历值得我们参考，他们的言谈举止既个性又有正能量，他们能够通过朋友圈带给浏览者一种莫名其妙的斗志，他们是所有小伙伴心目中的明星，他们是个人品牌。于是比品牌吸引境界更高的一层出现了：分享模式。

8.1.4　分享模式

分享是最好的销售方式，也是让你最快成为粉丝心目中"明星"的方法。细细回想一下，那些最顶级的微商早已不卖产品，而是分享自己的成长经历，分享自己如何去销售产品的经验，分享自己的创业故事。所以微商大咖大多数都是分享者，每次分享完都会有一大批的粉丝被吸引过来，产品的销售以及团队招募都是在这个瞬间裂变的。

学会分享还可以吸引上游企业的资源，比如，做代理需要10万元，厂家可能不要分享者一分钱还倒给代言费；也可以吸引下游资源，很多团队可能因为领导者不会分享，而支离破碎。做微商一定要持续学习和进步，懂得去给别人分享，分享得好，别人就跟着干了。这也是新手微商必须懂得的一个道理，不仅要卖好产品，还要将卖产品时与每一位客户的成交过程记录下来，总结为什么可以卖出去，别人为什么要买的理由。

经过不断记录、总结，每位用户的故事都可以成为服务下一位用户的经验。

8.2 微商私域的吸粉与引流

8.2.1 多交朋友，善于聊天

任何一个微商都是善于交朋友的人，不会交朋友无形中就会流失很多准用户。换句话说，作为微商一定要有主动交朋友的意识，不分年龄、不分性别、不分职业，只要有一点可能，就要把他们纳为自己的朋友。当然，这些朋友能否最终转化为产品用户暂且不论，毕竟这样做的主要目的是为产品圈定准用户，奠定销售与推广的基础。

交了朋友之后，还要善于与对方聊天。由于大部分人是陌生人，你一定要与对方有所交流，让对方感觉与你成为朋友的价值。但如何交流则要注意些技巧与方法，需要注意的是，千万不可马上聊产品。

最佳的聊天方式是直截了当、真诚的聊天，随心所欲、放空自我、无拘无束，不带任何功利性、强行推销的目的。当然，如果对方直接问关于产品的问题时，也大可不必回避，应坦然告知。

8.2.2 集中在某个特定的圈子寻找

寻找种子用户要尽量集中在某个圈子中，例如，做金融的、卖保险的、卖房租房的、年轻白领上班族、大学生等。由于圈中的人是特定的，只要找准一个往往可带动一大片，这样会让你更省时省力。比如，想寻找金融圈的人就去金融一条街、想寻找大学生就到大学城、想寻找年轻的白领上班族就到CBD商圈等群体比较集中的地方。

之所以要集中在某个特定的圈子中，原因还在于便于二次推广。比如，一个年轻的上班族成了你的用户，而且对产品体验感觉非常好，那么他肯定会向自己周边的朋友、同事推荐，这些人由于具有高度相似性，接受起产品来也更容易。

当然，利用这种方法寻找种子用户也是需要讲究技巧的，如果直接去发名片、要微信号，那被拒绝的概率很大。因此，要换一种思路，寻找进一步沟通和交流的机会。比如，去各大租房网、中介网发布买房或租房信息，不出10分钟就会有几十个中介加你；给保险公司打电话，说想为自己的车上保险，不出意外会有很多保险公司的人来加你。

这样，就会有机会进行更深入的交流，将他们拉到自己的准用户队伍中，或者与他们进行用户资源交换。一般来讲，这些人手里用户资源很多，况且自己也需要为用户提供增值服务，他们往往乐于与你合作。所以，集中发展、挖掘特定圈子中的粉丝有事半功倍的效果。

8.2.3　与其他微友交换资源

这是一种非常快速的加人方法，也是一个成本较低的方法。目前各大论坛上都有很多微商点赞群，这时可进入该群，与其他微友交换资源。这些人大多本身就是微商，或对微商比较认可的人，那么他们就都有可能成为你的潜在客户。

这类方法加人快，不过弊端也很明显，那就是质量低，真正转化为有效用户的概率很低。因此，为尽可能地提高效率，可以组织活动，吸引到高质量的用户。比如，你是做面膜的，可以组织与面膜有关的小调查，参与者还可以获得面膜。

因为，参与小调查是有门槛的，因此，这时获得的客户质量相对会较高，要么是直接用户，买了就是为了使用，要么是有代理实力的代理商，想进一步了解产品，至少是对面膜比较了解的人。这样，就保证了交换来的资源有效性，在领礼品的同时也能成为直接或间接的消费者。

8.2.4　红包群加人法

在微信朋友圈发一条微信，表明"想要进红包群的可以加×××"。这时有很多人会选择进群，当然为了避免盲目拉人，可以选择微信里弱关系的人，平时不大联系或者是做其他产品的微商。加入群里后，你再公告领红包的条件，比如：转发我的名片领红包；只有群人数达100人后才开始发红包。这个时候已在群里的朋友还会承担起二次传播的角色，拉自己认识的人进群。

这个方法的优势在于，获取粉丝速度快，而且多为对产品有所了解的人，弊端在于成本高，需要投入真金白银。

8.3 培养粉丝的忠诚度

8.3.1 培养在粉丝心中的好感度

在品牌打造上，除要着眼于产品、服务和团队外，还需要在自我个人形象上下功夫。以给粉丝心中留有较好的印象，培养粉丝对企业、产品以及你本人的进一步好感和信任。众所周知，微商主要是通过各大社交平台与粉丝进行互动，进行产品宣传和推广。这时，就涉及到了你将以什么样的形象出现，这决定了你在粉丝心目中的形象。

那么，怎样在社交平台上打造良好的形象呢？具体可从5个方面入手，如图8-1所示。

打造在社交平台形象的5点

昵称要便于记忆

注册要实名制

个性签名积极向上

体现自己的专业性

设计个性二维码

图8-1　打造在社交平台上形象的5个要点

（1）昵称要便于记忆

认识一个人往往是先从他的姓名开始，微商在各大平台上的昵称跟我们的姓名一样，是被粉丝记住的第一影响要素。原则上，昵称要尽量本着简单、易记忆、易识别、读起来朗朗上口的原则，当然也可以直接用自己的企业或品牌名，会显得更真实、更亲切，更容易记忆。

有些微商为追求新鲜，昵称爱用英文、图案以及不易识别的符号，看上去很炫，但实际上一点意义都没有。所以，名字也要尽量贴近大众的判断和逻辑，给人心理上的舒服感。

另外，如果多个平台同时注册，比如，微信、微博、抖音等，建议头像、昵称等最好一致，名字相当于店名或品牌名，头像相当于企业LOGO，没有特殊原因最好不要经常换。

（2）注册要实名制

实名制注册既是各大平台的要求，也是粉丝进一步了解企业和你的主要途径。因此，在填写个人资料时，比如，姓名、地址、联系方式、企业介绍一定要真实。做微商首先要给人真实的感觉，因为微商本身就会给大家不安全的感觉，填写的信息若再有虚假的成分，试问谁还敢从你这儿买东西？

此外，在填写个人信息时要尽量详细，只要有利于粉丝进一步了解你的内容不妨多展示一些。

（3）个性签名积极向上

个性签名，也是粉丝了解你的小窗口，个性签名可以经常换着写，这些信息联系起来将会成为一个比较完整的信息输出口，便于粉丝全面认识你、了解你。能够通过这些大致了解你是个什么样的人。所以，建议多写个人签名，且要写正能量的、积极向上的内容。

（4）体现自己的专业性

做什么一定都要成为该行业的专家，得让对方觉得你是行业内的权威人士。换个角度想，我们自己喜欢与什么样的人打交道？一定是比较专业的人，因为想从对方那里得到更多，能给自己带来帮助。所以，在平台上一定要体现自身的专业性。比如，一个做护肤品的微商，不仅是卖护肤品，还要能给买家提供专业的护肤建议。

（5）设计个性二维码

随着互联网科技的迅猛发展，二维码也在我们生活中被广泛地使用。二维码的出现让我们的生活方便、快捷、高效。同样二维码也早已不是刚开始单一的样式了，我们可以根据自己的一些喜好进行二维码的个性设置。设计一个独一无二的二维码，让人看到就想扫一扫。

8.3.2 建立与粉丝之间的信任

在现实生活中，无论做什么工作，都需要信任，只有信任，才能获得他人的真心，他人也才能真诚对你。马云曾说，这是一个缺乏信任的时代，淘宝之所以成功，是因为建立了自己的信任体系，获得了绝大部分商家和消费者的信任。

那么，作为微商，如何在客户心中建立起对自己的信任呢？下面从4个方面加以阐述，如图8-2所示。

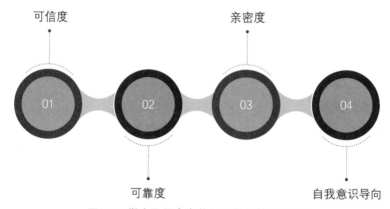

图8-2 微商取得客户信任应做好的4个方面

（1）可信度

可信度简而言之就是讲诚信，你能不能给人以足够的信任感。可信度高的人在见面之初，就能释放一种"可以被信任""非常可靠"的感觉，当然这种信任感的释放也是有技巧的。比如，你与朋友一起吃饭，有的朋友了解你，有的朋友不太了解你，当不太了解你的人问到你的人品怎么样时，如果自己说好，有点自卖自夸的嫌疑，但如果由熟悉的朋友出来帮助解释：他的为人怎么好了，怎么讲义气，怎么有号召力，对方立刻会对你产生好感。

其实同样一件事情，自己说出来和通过第三方说出来效果是不同的，在可信度上差别很大。这就是我们平时说的，要想让一个人知道你是好人，就让别人告诉他。帮你说话的人可信度越高，你获得的可信度就越高。这就是为什么很多做业务的朋友，通过用户介绍过来的用户成交率高的原因。

（2）可靠度

可靠度就是你这个人是不是靠谱，包括说话办事是不是令人放心。比如说，你借朋友钱，本来说明天下午还，可是第二天下午没有还，这样可靠度就开始下降。这也就是很多时候我们约朋友见面要守时的原因，一旦迟到，就会给别人传递出一种不靠谱的信息。

（3）亲密度

亲密度就是你与一个人发生关系的数量和质量。中国有句老话："走亲戚，走亲戚，不走不亲戚"。道理很简单，一个人与另一个人有来有往，才能产生某种关系，建立亲密性。亲密度越高，越容易从最初的弱关系向强关系转变，最后建立信任。

（4）自我意识导向

自我意识，即自己对自己的认识，包括生理状况(如身高、体重、体态等)、心理特征(如兴趣、能力、气质、性格等)以及自己与他人的关系(如自己与周围人们相处的关系，自己在集体中的位置与作用等)。自我意识导向，简单地说就是你是不是总在按照自己的内心认知去说话、办事情，是不是总是以自我为中心。如果是这样，就很难在粉丝中建立起信任，因为自我就是自私，自私很容易让人生厌。

一个人自我意识导向越强烈，在朋友中建立的信任程度就越差。在互联网上，如果你建立一个自己的品牌，所做的每件事都是为这个品牌服务的，每次只是凭着自己的心情更新内容，就会很容易破坏原来传递给粉丝的那种感觉，他们会产生不安全感，这会直接影响原本建立的可信度、可靠度、亲密度。

上面阐述的4点，无论是在虚拟的网络中，还是在现实中都是一样的，只有做一个讲诚信的、令人信赖的、亲和力强的人，用真心去帮助别人，才能和别人建立信任。

8.3.3 建立并管理粉丝群

群是粉丝在社交媒体上最稳固的关系。在社群经济越来越重要的今天，微商必须通过构建社群加强对粉丝的管理，要在社群中多互动，注入情感和温度。

社群是一个天然的客户关系管理系统，通过群可以对用户进行高效的管理，这是社群营销的最大特点。具体体现在用户可以对微商的决策、营销方案、品牌、产品等信息传播进行集中讨论，并迅速做出反馈。

如一个广告投放出去，采用传统营销渠道是很难看到用户反馈的，或者仅有的反馈也是单向的或者不即时的，造成的后果是即使你发布了广告或者信息，也难以达到预期效果。但有了社群后你可以将用户放在群里集中管理，并通过社群打造更好的互动场景，与用户进行充分的交流，从而为决策优化、解决问题奠定基础。

（1）群类型

根据社群成员之间的关系可以分为高层社群、中层社群、基层社群。

① 高层社群。

高层是在现实生活中有一定权力、资源、影响力的人。这些人群比较注重面子、生活品质。所以在销售时一定要根据产品的品位、品质、面子等方面来讲述，这样更能得到他们的认可。

② 中层社群。

中层人群在现实生活中并没有绝对的话语权，但他们有自己的生活圈子和影响力。他们一般学历较高，对新鲜事物也有一定的了解，有自己的见地。他们在选择产品时一般也会发表自己的看法，注重产品的性价比。

这些在群内能影响更多的成员，如果有一款好产品，他们就会主动帮助宣传。推出性价比高、能满足他们话语权的产品就能让产品销售得非常好。

③ 基层社群。

基层社群是由基层人群中的成员组成，是现实生活中最常见的人群。他们没有话语权，收入较低，没有很强的专业知识，在群内一般属于被动围观人群。他们不主动参与活动，甚至对推荐产品的成员心存芥蒂。但他们特别容易受到高层、中层两类人群的影响，从而盲目跟从。

因此，在组建社群时，需要根据不同的人群来设定不同的品牌标识。也就是说在同一个社群里，由于管理方式、沟通方式的不同，可以使产品影响力将整个人群都包括进去。

（2）社群常用的平台

构建社群常用的平台有很多，最常用的有微博、QQ、微信、微信公众号、移动APP、贴吧、直播平台以及其他自媒体等，如图8-3所示。

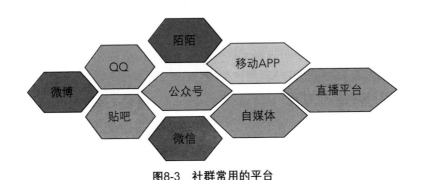

图8-3　社群常用的平台

当然，具体该用哪个平台需要根据平台特征以及自身实际情况而定，在这里不一一赘述，接下来重点阐述如何对社群进行有效管理。

（3）如何对群进行管理

创建一个群很容易，难的是对其进行管理，若不善于管理，创建得再多，也会最终沦为"僵尸群"，留不住粉丝。

在对群进行管理时主要是要提供有价值的信息。群对目标群体越有价值，对其的掌控力也就越强，一个人人喜欢的，并能持续吸引大众光顾的社群，其前提肯定是可以提供对方感兴趣的、有价值的信息。同样，微商做移动社群也是这样，需要给目标用户提供一些有价值的信息。有些微商喜欢在社群上发布一些新品发布、限时抢购、优惠券、赠品等信息，作为宣传与吸引用户的手段，这些信息的确有用，但我们不可能每天都发这些信息，否则最终留下的都将是只为了来领取奖品的人，甚至是专业领奖户。久而久之，这对品牌形象的树立、宣传以及销量的提升都没什么实际促进作用。

为此，微商要改变对价值的认识，有价值的信息并非只有物质层面，也有其他层面，可以提供一些相关信息，如目标用户感兴趣的资讯、新闻。也可以以自己的社群为媒介链接其他平台，如俱乐部、同城会等，扩大社交圈；或将线上与线下打通，让社群有更多的功能与线下作用，构建出一个拥有高忠诚度与活跃度的O2O平台。

群本质上是一种价值的相互交换，这个过程中群成员可以各取所需，互利双赢，只有这样的模式才能长久。

8.3.4 主动交流，引发粉丝的兴趣

与粉丝交流有两种方式，一种是微商主动去跟粉丝交流，另一种是粉丝来找微商，被动交流。被动交流是对方已经通过其他途径对微商有了一定的了解，对于这种交流可以更简单直接一些。这里主要介绍主动去与粉丝交流的情况。

那么，与粉丝主动交流有哪些技巧呢？总体上讲有3个，如图8-4所示。

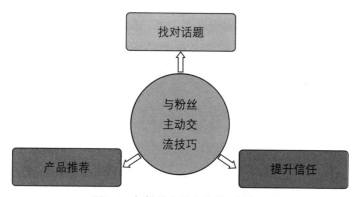

图8-4 与粉丝主动交流的3个技巧

（1）找对话题

主动与粉丝交流，说话一定要能够引起对方注意，激发对方的兴趣，这样对方才会积极地回应你。话不投机半句多，如果不知道对方需要什么，所讲的话对方根本不感兴趣，那这场交流就很难进行下去。

比如，添加一个陌生人为好友前，要尽可能地多了解对方，他的身份、职业、兴趣爱好，以便准备开场白；添加好友后，多翻翻他的朋友圈，看看其最近的动态，然后根据这些点来继续深化话题。

（2）提升信任

与对方有了初步交流后，接下来就是获取对方的信任。都知道给别人发的朋友圈点赞和评论可以获得信任，其实远不止于此。一点点地交流也可以获得信

任，获取信任的关键有两点，一是情感信任，二是专业度信任。

①情感信任。

情感信任就像很多书上所说的，要谈对方感兴趣的话，用心去帮助对方，多一些交流等。其实做微商不是比谁卖掉的产品多，而是比谁跟粉丝交流的时间长。情感的信任就是聊一些与产品无关的东西，比如对方的小孩呀、工作呀、遇到的难题呀、身边发生的趣事呀，等等这些。能够让粉丝从情感上认可你，对你产生信赖的感觉。

②专业度信任。

专业度信任这点比较好理解，就是要让粉丝觉得你所卖的产品是有保证的，能够带来实际的好处。比如，护肤问题，鼻子上黑头是如何产生的？平时生活要注意哪些因素？如何解决这些问题？哪些产品不能使用？哪些产品又要多注意特别事项等。通过这些客户会从心里上佩服你，自然也就会选择你的产品。

（3）产品推荐

产品推荐重在推荐，而不是直接发产品广告、滥发产品，否则，造成粉丝流失的风险极高。其实，在朋友圈频繁发产品广告是微商一大忌讳。可能有人会问，不发产品广告粉丝怎么知道我们在卖什么呢？这很简单，发广告时通过文案植入的方式，间接地来宣传比发产品硬广要好很多。

举个例子，我也经常会在微信上买东西，但我不会买那些整天刷朋友圈、晒产品的商家的，在买的时候也不会去跟商家要产品说明书，而是要看他那个活生生的人，看他是不是值得交往的朋友。

因此，在发朋友圈时也要展现真实的自己，而不是单纯的产品信息和图片。通过人格魅力带动产品宣传，会让客户看到一个不一样的你，从而主动关注你，关注多了就了解了产品和服务。

很多微商一与客户聊天就急于发产品广告，心里想着马上赚到钱，功利性很强。这时需要静下心来想一想，对方凭什么买单？只有关系积累到一定程度后才可以谈交易。社交经济时代，玩的是情感和参与感，卖产品前要先和对方成为朋友，让陌生人变成熟人。

8.3.5　努力让粉丝对你形成依赖

做微商，不但要让粉丝对你感兴趣，还要让其对你产生严重的依赖性，成为忠诚的用户，这也是提高复购率的主要动力。那么如何让粉丝更加依赖你呢？这也是一个循序渐进的过程，具体如图8-5所示。

经常与粉丝互动　　　　　　　　　　　　　真正地解决客户的问题

持续跟进未成交客户　　　　　　　　　　　适当使用催单技巧

图8-5　让粉丝对你形成依赖的技巧

（1）经常与粉丝互动

一定要多与粉丝进行互动，比如，看到他们动态要多评论，评论要特别，要引起他们的注意，形成互动。一来一往时间长了就慢慢地熟悉了，成为好朋友了。常互动可以带动朋友圈的活跃度，很多微商的朋友圈好比一潭死水，看起来有几百人或上千人，但是平时却很少有互动、有交流。

（2）真正地解决客户的问题

想让粉丝对你形成依赖，最核心的就是要帮助他们解决问题。现在，很多微商的产品同质化非常严重，功能类似，因此用户体验也差不多，这时候就凸显出解决问题的重要性了，谁能解决他们在购买前或使用过程中遇到的问题，谁就取得了主动权。

总之，必须解决用户的后顾之忧，只有这样才能让用户对你产生依赖。

（3）适当使用催单技巧

几乎每个微商都遇到过粉丝的拒绝，如"再考虑考虑""再想想""与家人再商量商量"等。其实这是用户犹豫的心理表现，正介于买还是不买的矛盾中，如果马上跟进很有可能使其马上购买，反之，就有可能会不了了之。

这就像踢足球，球已经到球门，就差临门一脚了。这里有几个催单的小技巧效果比较好，即限时、限量活动，无效退款承诺。

限时限量就是表明货是有限的，给粉丝以现在不买以后就很难买到了的紧迫感。无效退款就是如果粉丝后悔购买，那承诺退款，总之不要让用户受到损失。这些技巧用上以后，就可以加大对粉丝的吸引力，促使粉丝放心购买了。

（4）持续跟进未成交客户

对未成交的客户要持续跟进，加强联系。其实主要就是粉丝对于我们的信任度不太高，对于产品的效果也还是心存疑虑，还有一部分粉丝确实是因为资金比较有压力。无论哪种情况，后续一定要持续联系和沟通，销售行业里有句话，联系7次成交率是40%。所以，后面的持续联系，是提升粉丝信任、帮助粉丝解决问题非常好的方式。

好好学习，多多实践，这样在与粉丝交流的时候，会让更多的粉丝信任你，并形成对你的深度依赖。

第 9 章

私域流量：
打造案例解析

随着越来越多的企业都在深耕私域流量，建立自己的品牌窗口会大大强化用户黏性。使得粉丝不再只是认可店铺的产品，更认可了公司、企业文化和企业价值观。

9.1 小米：如何炼成私域流量的顶级玩家？

小米成立于2010年，通过"轻资产+互联网"的模式实现了快速扩张，同时这种模式也是有缺陷的，那就是缺乏对供应链的掌控。

随着小米井喷式的发展，供应商体系越来越庞大，随之而来的是供应链、销售渠道上的隐患也越来越大。这种隐患终于在2015年爆发，出现了产品拖延上市、断货、跳票等状况，使得小米的出货量放缓，2016年大幅下滑达到17%，2017年面临着退出市场的危机。

这一问题也映射在了财务上，2015年小米营业收入为668.11亿，然而同年的经营现金流净额为－26.01亿，有收入但收不到钱。后来，雷军亲自接管手机研发和供应链管理，情况才得到了改善。

这说明，小米的轻资产模式也不是万能的，与很多采用这种模式的公司一样，逃避不开其固有的缺陷。但小米为什么仍能快速崛起，仅仅10年的时间就从几个人的小公司，变成了世界500强的上市集团，这是因为小米很好地弥补和改善了这种窘境。较之很多公司，小米有一个最大的优势，可以说是独一无二的，那就是成功圈住了一部分自己的流量。

这部分流量也叫私域流量，这恰恰迎合了粉丝经济、流量经济的大趋势。那么，小米是如何构建起自己强大的私域流量池的呢？以用户为基础，打造用户喜欢的产品生态圈，小米的私域流量体系如图9-1所示。

图9-1 小米的私域流量体系

（1）打造强参与感，积累第一批种子米粉

小米创立之初并没有进行大量的广告投放，而是通过粉丝口碑营销的方式，积累了第一批种子用户。

小米在打造手机产品之前，先打造的是MIUI系统，小米让用户参与到MIUI的产品设计中。根据用户的建议优化产品和服务，让用户有参与感、认同感和归属感，最后结合粉丝需求打造产品，如小米手机、小米电视等。因为小米公司拥有一支非常年轻的队伍，所以小米的口号就是为年轻人打造产品，当时提出了很多定位年轻人的口号："年轻人的第一台手机""年轻人的第一台电视""年轻为发烧而生"等口号。

这部分人最终都成了米粉，第一批种子粉丝。这些米粉不仅会购买小米的产品，还会自发地向朋友推荐产品，分享使用感受，俨然成为了小米的"兼职销售"。甚至当朋友使用小米产品过程遇到问题，他们也会第一时间去解决，充当小米的"兼职客服"。米粉群体为小米带来的收益，实现了小米的商业价值。

（2）利用社交平台，创建无数个米粉部落

小米还通过小米社区与用户互动，大家可以广泛提出意见，针对参与的人还会颁布奖章，让用户有荣誉感。后来针对小米的用户还打造了"米粉节"，邀请部分人一起参与，给这些人颁奖！久而久之小米社区凝聚的人越来越多。

这就是小米崛起如此之快的原因，因为有太多用户创建了无数个米粉部落。如果把私域流量的概念对应来看，一个个米粉群体其实就是小米的私域流量池，小米不断变化的服务模式就是私域流量运营。

可以说，小米通过建立符合自己特色的私域流量池，提供有价值的服务实现私域流量变现，为企业成功创造了利润。

（3）依托小米有品，进军直播带货

小米有品是小米旗下一款致力于打造精品生活的电商平台。依托小米生态链体系，延续小米的爆品模式，将"小米式性价比"延伸到了更广泛的家居生活领域。

小米有品内容体系包括图文、短视频、直播，还涉及种草、拔草等内容形式。整个内容团队对商品展现形式也会以"一盘棋"的视角来看，通过图文、短视频、直播等多媒体信息流的方式来呈现，力求提升整个平台的消费体验。其中，直播业务已逐步成为了小米有品的战略级项目之一，重点运营有品直播频道，包括小米众筹、名品折扣、有品海购等频道。

小米有品做直播增强了用户在导购层面的参与感和临场感。平台可以在满足用户对优质供应链诉求的同时，更好地展现产品的使用场景，给用户带来优质的购物体验。在这里值得一提的是，小米有品不止于直播带货的浅层需求，而是更长远的对于用户群体的沉淀，通过主播输出优质的直播内容，把用户沉淀下来，形成一个长效的运营机制。

有品直播为商家运营私域流量提供了清晰的转化路径：用户关注直播间后，就相当于沉淀到了商家号中，商家可以对用户进行持续的运营，跟踪用户的产品需求和使用反馈，进而对产品进行迭代升级。

9.2 拼多多：利用虚拟店铺打造私域流量池

电商运营已经步入了一个新的阶段，种草分享经济盛行的前提条件下，拼多多也探索出一条新的发展道路。由从前被动的人找货模式，转向到主动的货找人模式，将流量抓在自己手中，从而为在行业竞争中脱颖而出做足了准备。

拼多多是国内快速崛起的头部电商平台，下面就讲一下，其是如何将流量抓在自己手中的，具体措施如图9-2所示。

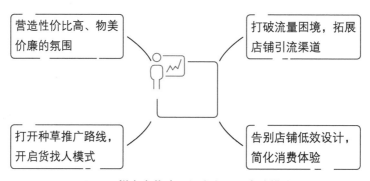

图9-2 拼多多将流量抓在自己手中的措施

（1）营造性价比高、物美价廉的氛围

流量是这样的，当你输出的价值能够被用户所认可，他们就会不约而同地聚集过来。所以你给出的价值是需要与受众人群特征相吻合，并充分结合平台的环境，对这类人群细分传播的，将店铺塑造出一个性价比很高、物美价廉的氛围，那么就会收获到具有这一特性的购物用户。

拼多多上的私域流量就是以此慢慢建立的。然后，商家再通过各种活动、营销方式将用户集中在微信群中，或建立拼小圈、朋友圈等。总之，需要先建立一个信息交换场所，只有有了场所，用户才会更加容易聚集，归属感才会加强，随之，转化和复购都会提升起来。

（2）打破流量困境，拓展店铺引流渠道

拼多多想要打破流量困境，首要思考的是拓展店铺当下的引流渠道。无论付费推广模式还是免费流量推荐，拼多多都把握住了流量机遇，努力拓展流量引入渠道，为店铺的基础流量累计添砖加瓦。

拼多多还应该注意的是，如何利用自媒体社交平台进行精准引流。多方面、多层次地为店铺打下流量基础，才能够为商家打破流量困境找到出路。

（3）告别店铺低效设计，简化消费体验

开启货找人模式还需要拼多多店铺具备突出的风格定位、能够第一时间吸引用户的前提条件。告别低效设计是拼多多店铺装修的核心要义之一，店铺的设计可以告别繁琐冗杂的设计定位，高效吸引流量、简化消费体验是关键。

拼多多后台系统拥有较多的店铺模板可供商家进行参考，为商家装修店铺带来良好的启发意义，商家只需要进行局部调整和调动要素，就可以达到很好的吸引流量效果。

（4）打开种草推广路线，开启货找人模式

开启货找人模式，最重要的是如何调整置换商品的推广模式，既要符合当下种草分享经济的模式，更要能够符合拼多多在货找人这一赛道提升竞争优势的需求。拼多多创作丰富的种草内容，多平台布局，以获得更多公域流量。在商品质量上也要有所提升，帮助商家进一步发掘产品亮点，撬动私域流量的活性，为店铺打开货找人模式寻求出路。

9.3 良品铺子：转型社交电商，打造私域流量

良品铺子，一个集休闲食品研发、加工分装、零售服务的专业品牌，多年来主打线下市场。但近几年在社交电商领域颇有建树，其重要的一步即是发力微信、微博、抖音、快手、小红书、知乎、B站等七大社交平台。通过在各平台上建账号、开直播即私域流量池，将公域流量转化为"良粉"。

"社交"这种元素之所以与"电商"发生化学反应，其中一个很重要的原因就是"社交"本身有电商必需的流量，社交电商的产生把电商的根本驱动力呈现了出来。利用公域流量和私域流量的相互配合，以达到消费者在品牌认知度和消费黏性上的更好贴合，进而反哺销售业绩。

那么，良品铺子具体是如何做的呢？如图9-3所示。

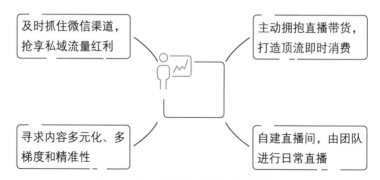

图9-3　良品铺子打造私域流量的方法

（1）及时抓住微信渠道，抢享私域流量红利

在2014年，良品铺子就已经搭建起了以微信公众号为主要渠道的私域流量，通过图文引流、粉丝裂变在微信商城售卖商品。据良品铺子官方透露，到2016年仅微信这一渠道的公司销售额就已经过亿元。

经过几年的探索，良品铺子在微信端已经由公众号转而以微信社群营销为主要路径，更多地围绕门店的生意进行多方面的融合。

（2）主动拥抱直播带货，打造顶流即时消费

2020年良品铺子与快手带货王"散打哥"合作，这是良品铺子首次在快手平

台的专场直播，成为零食这一品类的社交电商发展里程碑式的事件。在一场顶流的即时消费激发中，联动良品铺子全国2400多家门店，刷新了行业单场带货纪录。

2020年7月31日晚6点，散打哥回归快手专场首秀"站"，良品铺子备下3吨零食以备互动。8月1日，战绩出炉——销售额破1400万元，总观看人数1000万人次，点赞人数300多万，良品铺子涨粉人数12万+。

良品铺子为各大电商平台启动了"定制级"的"圈粉"策略，与快手的合作只是其中一环，"调动全国2400多家门店的千万级粉丝，线上、线下形成流量闭环，和快手'散打哥'5000万粉丝交汇、碰撞，产生了非常好的化学反应"。

（3）自建直播间，由团队进行日常直播

直播除了与明星、头部达人合作外，为保证持续地内容输出，保证粉丝活跃度，非明星的原生达人也成了良品铺子努力争夺的资源之一，自建直播间，由团队进行日常直播。

例如，2020年4月8日，良品铺子亮相抖音直播间，直播中董事长首秀，为消费者带来了芒果干、脆冬枣、卤藕等产品。吸引全国网友同步围观。数据显示，该场直播活动累计观看人数超过252万。良品铺子抖音账号也因此沉淀大量粉丝。

再如，疫情期间，线下渠道受阻，"宅经济"爆发，大量社交平台成为"时间金矿"。良品铺子率先启动门店轻直播，将300家线下门店变成了直播间。

搭载抖音、快手、淘宝等社交平台的又一波流量攀升，良品铺子已经形成了线上线下双渠道协同，直播及社交媒体驱动的营销格局。

（4）寻求内容多元化、多梯度和精准性

在社交媒体上，首先要以产品内容为中心，让其形成流量闭环，最后把这个公域的流量变为私域，让其为线下、线上导流。

良品铺子在内容打造上努力追求多元化、多梯度和精准性，每一项内容的输出形式，都会因各个平台的调性而不同。

比如，抖音更符合一、二线城市审美，对视觉要求高；快手的"老铁文化"，接地气，不做作；B站走破壁出圈路线，逐步演变为90后、00后年轻人最喜欢的高黏度、高活跃的社区。

这就要求运营者就同一内容输出，要结合平台特点，变"一招鲜"为"招招鲜"。此外，还必须贴合产品沉浸式场景或人设，比如，儿童零食、健身零食等，以原创精准内容对接目标群体。

良品铺子依托高端运营的策略，七大平台的圈粉计划，成功捕获了众多消费者的心。并将公域流量转化为私域"良粉"，可以说在社交电商模式上走出了一条全新之路。

9.4 甩甩宝宝：在微信小程序中快速引爆私域流量

甩甩宝宝（以下简称甩宝）是2018年6月上线的一款电商平台，它依托微信小程序进行品牌特卖，其增长速度堪称行业之最，迈步即飞驰，曾被誉为"成长最快的微信小程序社群新零售平台"。

甩宝的快速发展期是2020年前，无论用户、销售量，还是融资都处于爆发期。在不到两年时间用户突破8000万人，链接品牌多达12000个，单品牌销售破千万已成常态。

与此同时，还完成了五轮融资，无论在融资频率上，还是在融资金额上都领先行业。近20亿元人民币总额，投资方也是实力强劲，包括腾讯投资、IDG资本、启明创投、险峰长青、元璟资本以及云九资本等。

（1）体验官亲身测评

过去的电商是双边市场：一个是消费者，一个是商家。而今天电商是个新物种，既不是买家也不是卖家，而是分享者，是UP主，是一个群主，他们有个统一名字叫首席体验官，在甩宝又叫掌柜、品牌验货官。

甩宝采用的就是体验官亲自测评的售卖方式，为用户精心挑选品质好货。优势在于首先联合优质大牌，从源头上打消大家的顾虑。其次推出"验货官"，在售卖之前先由验货官验货后再进行素材反馈。

例如，在一次测试中甩宝组织了100个品牌、5000个品牌验货官，他们影响了50万的用户，一天时间卖出三千万的商品。在这个过程当中，所有用户不用上任何APP，也不用搜索，不用导购，只是从身边的KOC获取好的商品和整个交易链路，这种方式正在改变现在的交易。

经过数千名验货官口碑认证的商品，自然被甩宝掌柜所认可和推崇。用户对品牌种草了之后，便会持续地分享"安利"给其他朋友；甩甩宝宝通过这种方式，让广大用户和甩宝掌柜对品牌放心和种草，为品牌累积了口碑基础。

信任是商业的核心，评价系统在很大程度上影响着我们的购买决策。一件物品要不要买，能不能买，值不值得买，别人的真实体验是很有价值的参考因素。

品牌验货官带来了整个电商消费形式，以及品牌商和消费者连接方式的变化。换句话说，是品牌营销逻辑的改变，体验官已经替代了广告营销和销售渠道，因此带来的好处不仅仅对消费者有利，对商家也是百利无一害的。

（2）亲民的价格售卖

质量过硬的产品+亲民的价格是商品火爆售卖的万能公式。消费者对大促优惠复杂化，早已见怪不怪，只见套路不见真诚。在这样的市场背景中，甩宝简单明了的活动规则于消费者而言可谓是正中下怀，曾经的优惠大促是"见者有份"，所有参与了活动的消费者都可以公平地享受同等的优惠。

例如，甩宝在2周年大促时，与在活动界面堆砌复杂活动规则的其他电商平台不同，简直是一股清流。采用十分简洁的页面，仅用6个字就讲清楚了平台活动规则：无套路不怕比！在超级品牌日专区，无需领券、凑单满减，所有产品价格也要比别家各种优惠叠加过后的要实惠。

在私域流量的风潮下，无论通过何种方式吸睛获取流量，最核心的一点就是要以品质、高性价比为用户提供家庭消费的最优解决方案，相信甩宝会有更多爆款走入消费者视野。

（3）打造直播创新项目，开启营销新模式

为了顺应下沉市场和KOC发展的新趋势，甩宝推出大市场战略，宣布对产业直播间进行升级——开启产业直播间。

比如，启动的"千县万红乡村直播间"计划，通过打造"村红"直播助力县域产业腾飞，普惠全国100个城市，1000个县域，建立10000个产业直播间，帮扶产业，促进就业和地方经济。

再如，在温州平阳启动的鲸灵产业直播间，助力区域电商，树立平阳地域品牌。平阳产业直播间24小时销售额达一百余万元，单量两万多单，在甩宝助力下这样的县域落地正在全国稳步推进，挖掘地方优质产业带、特色农产品，树立县域优质品牌，助力制造业、农业经济发展。

9.5 完美日记：国货彩妆玩转微信生态私域

提起新国货美妆品牌完美日记，大多数人印象最深的是其超强的营销能力。通过对高性价比的大众品牌定位、对电商平台的精细化运营和对社交媒体流量红利的精准把握，完美日记取得了爆发式增长，其中2018～2019年可以说是势如破竹。在诞生不到3年的时间里，赶超老牌经典，反超海外大牌，荣登国货彩妆品牌No.1。

完美日记自2017年上线，一成立就迅速在美妆线上市场占有了一席之地。2018年，首次参与天猫双11活动，成为天猫美妆第一个成交额破亿的彩妆品牌，其天猫旗舰店全年GMV高达6.5亿元。2020年8月，连续8个月获得天猫彩妆销量排行榜第一名，崛起速度不可谓不惊人。虽然在2021年后，完美日记营销攻势不及前两年，有些减退之势，但丝毫不影响其品牌美誉度和关注度。

从诞生之日至今，完美日记之所以能从无到有，从弱到强，肯定有很多可取之处，其做法仍然值得借鉴，其崛起秘密所在就是私域流量的打造。

提起"私域流量"，完美日记无疑是老玩家了，先后在小红书、B站、抖音、微博等新媒体平台利用全渠道为品牌和产品造势。

（1）完美日记成功"上位"，离不开小红书

小红书用户年龄多集中在18岁到34岁，90%以上是女性。这部分人乐于被种草，消费能力强，月均消费在200元到600元之间。较于其他平台，小红书带货转化率较高，以2020年4月份的一项数据为例，抖音、快手的平均带货转化率为8.1%和2.7%，微博为9.1%，而小红书能达到21.4%。

而完美日记在创立早期就深耕小红书，通过小红书直接种草圈粉，再加上当时适逢小红书成长期，还没有太多人开始在里面带货种草。而完美日记发现了契机，以较低流量费用完成了粉丝积累，触达核心用户群，搭建起第一引流阵地。高潮时合作过的KOL超过1.5万个，其中百万粉丝博主就有800个。

完美日记在小红书的营销策略如图9-4所示，通过小红书上完美日记的笔记就可以看出其分层投放的逻辑："明星+美妆KOL+素人"。明星负责种草；美妆KOL负责引导；素人通过分享使用心得进行二次传播。

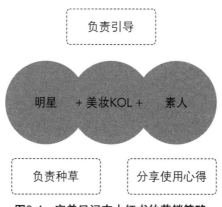

图9-4 完美日记在小红书的营销策略

众多明星、头部KOL与腰部及以下KOL的大规模投放，内容主要是干货、试色、新品等，从内容、种草的角度，铺天盖地地营销产品。在腰部KOL的带动下，很多素人消费者购买以后，也分享了自己的口红试色、眼影试色，进一步完成UGC内容的闭环。

（2）用微信生态锁住天猫流量，成果转化私域

完美日记在公域流量平台（京东、天猫）获得用户后，都能成功留存、获得复购，关键就是在微信生态打造私域流量，借助公域流量平台运营、转化、裂变成私域流量。

用户在线上电商渠道下单后，完美日记针对下单用户放置红包卡，引导添加给个人号来兑换红包，从电商平台公域流量池沉淀至"小完子"个人号私域流量池。

完美日记做微信生态私域流量起点是一张红包卡，消费者在买到产品后，就能得到一张"红包卡"，这张卡会引导消费者关注公众号"小完子"。消费者在添加完"小完子"后，会收到加群的邀请，而这些微信群的运营是围绕多个小程序来进行的，小完子再进一步邀请消费者进群、打开小程序并获得1～2元的红包。

一番操作下来，完美日记其实仅用1～2元成本就可以获得一个公众号粉丝、一个微信好友和一个群成员。

在这里，完美日记最成功之处就是打造了"小完子"这个人设，通过输出高质量的美妆内容，将粉丝引流至"完子说"小程序，或转发到群里后，引发持续关注和讨论。不论是小程序还是朋友圈，"小完子"都是真人出镜，并非群控机器人。"她"不但会在朋友圈中发布各种日常自拍，还会发布新产品和抽奖活动等。

完美日记大概开通了上百个个人号，每个个人号统一标识为"小完子"人设。有意思的是，每个号都有不同的"小完子"人设，具备一定差异。同时，每个"小完子"拉的不同微信群，推送的商品链接中都带有不同的追踪代码，这意味着"小完子"的转化率与其收入正相关。

完美日记通过"小完子"个性化的人设打造，让用户产生高度信任，同时也把产品以促销的方式，同步在朋友圈和微信群，引导至最终的复购行为。

对于"小完子"IP的塑造值得借鉴的，综上所述有3点，如图9-5所示。

1.真实感的塑造

头像、朋友圈封面、朋友圈内容、商品海报等对外都是统一的真实形象，用户对IP的信任感提升不少。

2.人设的精准定位

"小完子"塑造了一个爱美妆的美妆KOC，既满足产品目标用户的需求，又能满足产品业务的需求，增强IP人设的黏性和业务带动能力。

3.价值感的塑造

通过各种宠粉福利+攻略分享，给用户很强的价值感，大大增强了用户对人设的信任和黏性。

图9-5 "小完子"IP塑造经验

9.6 幸福西饼：老牌子走新路，打造社交圈私域

很多人听过幸福西饼，是国内知名O2O蛋糕品牌，成立于2008年。最初以线下经营为主，后全力转型电商，线上线下相结合，逐渐成为行业领导者和驱动者。经过十多年的发展，遍布北京、上海、广州等240多个城市，线上粉丝超千万。

幸福西饼积极拥抱互联网、移动互联网、大数据技术，成为一家由数据和技术驱动的新零售烘焙品牌，并依靠先进的数据化运营成功打造了自己的私域流量池。这一商业模式不仅重构了烘焙行业经营法则，更是为传统烘焙行业探索新零售提供了新思路。

数据和技术是幸福西饼成为行业驱动者的核心因素。幸福西饼十分重视大数据的运营，与第三方平台全力合作，打造了一个新零售业务数据分析与私域用户运营产品平台，大幅提升了产品的精准分析以及用户的精准触达等数据化运营能力。

具体来讲，幸福西饼线下依靠的是精准化数据运营，线上依靠的是一款小程序：幸福西饼GO。

（1）数据化门店运营产品大幅降低报废率

幸福西饼依靠的是线上线下同步运营的策略，首先是在线下，遍布深圳、广州、上海、南京、北京、天津、重庆、长沙等240多个城市，与此同时还建立了400多个分布式制作中心。也就是说，用户在下单后，幸福西饼的分布式制作中心即可快速生产，并快速完成以经营半径500～5000米的冷链高效配送。

这一模式大大提高了客户满意度，图9-6中就是传统烘焙门店与幸福西饼新零售门店的区别。

正是因为创新的分布式制作中心，幸福西饼敢于为用户做出"就敢减（每迟到1分钟减1元）、就敢退（货不对板退款不退货）、就敢送（迟到30分钟免费赠送）、就敢赔（早到或迟到60分钟以上，双倍赔付）"的幸福承诺，赢得了用户的深度喜爱与广泛好评。

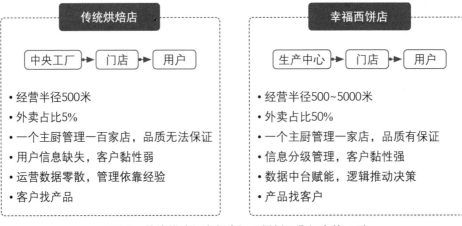

图9-6 传统烘焙门店与幸福西饼新零售门店的区别

传统烘焙行业的产品报废率相对较高。而幸福西饼凭借数据和技术的创新在降低产品报废率上颇有成效。

一方面，幸福西饼会通过易观方舟分析小程序上用户路径每一个转化环节的各项数据，以此优化面包、饼干等产品的标题、图片等。数据同步到门店，指导门店的电子价签及门店商品卡片的优化，提升门店场景的销售效率。

另一方面，幸福西饼会通过易观方舟数据看板实时监测各门店、各产品的销售数据，指导线下门店的配货。例如，明天北京某门店预计生产多少A款面包、B款饼干。以此提升线上下单线下配货的整体效率。

（2）个性化精准下发，小程序弹窗转化率显著提升

"幸福西饼GO"小程序运营的主要目的就是提升转化率，而弹窗是小程序转化新用户的强有力触点，幸福西饼基于不同的人群进行小程序个性化精准弹窗。并对用户从点击弹窗到支付的整个路径进行数据分析，多维度对不同用户群体进行数据洞察，不断优化和简化小程序的支付转化路径，制订相匹配的运营策略，提升新用户的支付率。

幸福西饼还会结合每次的活动数据，在活动中及活动后进行数据分析，进一步调优以找到最优充值用户转化方案。图9-7中就是幸福西饼针对不同用户的运营策略。

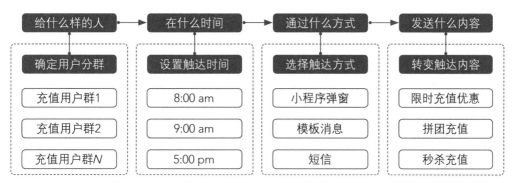

图9-7 幸福西饼针对不同用户的运营策略

幸福西饼提前设置好给什么人、在什么时间、通过什么触达方式、发送什么内容。数据分析平台会自动判断活动中的各个节点状态，并根据预设的触发条件来运行下一步将要执行的动作，这大幅提升了小程序运营效率。

经过不断地迭代，幸福西饼GO小程序的充值会员数已经连续数月持续增长，活动单日的充值金额也屡创新高。

作为烘焙行业的驱动者，幸福西饼一直秉持"用心传递幸福"的服务理念，始终坚持"新鲜现做，准时送达"的原则，不断完善服务体系。

以数据和技术作为核心驱动力的幸福西饼，已经逐步构建起"产品力、技术力、传播力"三位一体的核心竞争力，开创了传统烘焙行业私域流量的探索之路。

9.7 热风：启动企业微信私域战略，布局线上渠道

疫情的冲击使零售品牌获客成本节节攀高，很多品牌商寻求转型，打通流量通道，布局私域渠道，将流量作为增长新引擎。时尚零售连锁品牌hotwind热风便是其中之一，为了高频触达、强运营转化用户，以自有流量池适应多变的市场环境，hotwind热风启动了企业微信私域战略。

接下来，具体分析一下hotwind热风运营企业微信私域流量的全流程，很多

细节极具借鉴意义。大致思路是线下导购+渠道活码引流，线上AI外呼机器人+LBS。

（1）门店导购引导加微，让客户成为企微好友

hotwind总部给每个门店，每个导购都配了渠道活码，一店一码，一人一码，并放置在门店物料中。

①一店一码，扫码自动打标。

门店配置一店一码，消费者通过扫描导购专属活码后，圈量后台自动打上区域、活动渠道等预设标签，方便品牌后续针对标签进行个性化运营。

通过标签可以分析门店的拉新情况，结合区域特有选品、客流情况、主要消费群体等设计运营策略；还可以根据数据及时调整门店活动方案或人力配置，不断优化策略提高门店销售额。

②一人一码，导购高效加粉。

一人一码清晰统计导购加粉情况。任务下达后，总部可以实时监控门店经营数据及导购任务完成情况；导购也能看到自己的加粉进度及业绩提成，大大提升加粉积极性。

然后，由导购引导消费者进群。当然，这种引导是讲究策略的，具体是以"领取会员无门槛全品类优惠券"作为利益点，多次测试后，确定"渠道活码+通过好友后拉群+好友欢迎语"的引流路径，快速将门店客流沉淀到企业微信。

消费者进门与结账时，导购会以"扫码抽奖"，或领取"会员无门槛全品类10元优惠券"作为利益点，引导用户添加店长"热小风"企业微信，快速将大量门店客流沉淀至企业微信，再通过圈里好友欢迎语和自动拉群功能进行智能接待。

（2）AI外呼机器人召回老客，加粉定位门店区域

在后台（多为第三方平台）导入门店所在区域的历史消费者信息，并通过AI外呼（即智能电话机器人）加好友进行历史消费消费者召回。

a.用AI外呼时可以模拟真人导购对话场景，通过电话告知老客加粉利益点将老客召回。

b.挂机短信引流(LBS)门店活码。电话结束后，客户收到短信，点击短信链接后，短信唤醒微信，直接跳转小程序；小程序根据用户授权地理位置，展示

LBS活码界面；用户进一步扫码，即可添加附近的门店企业微信/企业微信群。

c.(LBS)门店活码圈选周边流量。消费者进入微信后，热风使用"好友欢迎语+自动拉群+进群欢迎语"的组合，快速将好友转为群友。导购立即自动发送入群链接，缩短用户进群链路，快速将企微好友转为群友，提升进群比例。

为了进一步提升留存率，使入群的消费者真正留下来，热风也会采取很多小技巧。例如，首次拉群后进行一次查漏补缺，通过"进群抽奖"等利益点再次批量发送进群链接；不定期与热门动漫IP进行合作，围绕IP设计专属红包封面，引导企微好友进入附近门店社群领取。

常常采用的技巧有4条，如图9-8所示。

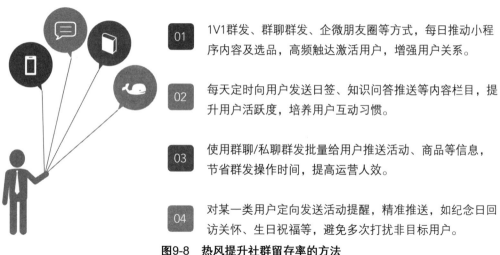

01 1V1群发、群聊群发、企微朋友圈等方式，每日推动小程序内容及选品，高频触达激活用户，增强用户关系。

02 每天定时向用户发送日签、知识问答推送等内容栏目，提升用户活跃度，培养用户互动习惯。

03 使用群聊/私聊群发批量给用户推送活动、商品等信息，节省群发操作时间，提高运营人效。

04 对某一类用户定向发送活动提醒，精准推送，如纪念日回访关怀、生日祝福等，避免多次打扰非目标用户。

图9-8 热风提升社群留存率的方法

（3）线上营销回流线下，提升门店复购率

热风私域以"热风种草社"公众号的优质内容，配合节日活动等进行转化营销，提升单客贡献率。具体为：

①线上完成裂变任务，到店兑换奖品。

消费者可以通过参加圈量好友裂变/群裂变活动，邀请朋友参加活动领取奖品，奖品可以到店领取，后续通过门店服务促进复购，提高单客价值。

②线上线下品牌造节。

热风在每个季度固定时间举办"品牌福利日"活动，以3~8折利益点吸引用户参加活动。

活动前：活动前2天通过朋友圈、社群和1V1私聊等多渠道进行发券预热，在活动规则中说明优惠券限时领取，活动开始后即可使用，吸引用户进行领券。通过圈量高频触达，单日领券量最高可达20万。

活动中：店长通过朋友圈、社群等渠道推送活动商品，触达用户，促进用户完成下单转化。

活动结束前：用户领取过优惠券后，临期会自动给用户发送"到期提醒"，提升优惠券的核销率，同时线下活动与线上保持一致，保障用户的体验，促进营销转化。

通过"活动前预热发券—活动中引导用券—临近结束到期提醒"的方式，在活动中进行多重埋点，逐步引导用户进行消费。